AF284268

Alois Mailänder

Seelenlehre

Formenlehre

FSC
www.fsc.org
MIX
Papier aus ver-
antwortungsvollen
Quellen
Paper from
responsible sources
FSC® C105338

Veröffentlichung der Seelen- und Formenlehre
geschieht mit freundlicher Genehmigung der
Niedersächsischen Staats- und Universitätsbibliothek
Göttingen

*Bibliografische Information der Deutschen
Nationalbibliothek: Die Deutsche Nationalbibliothek
verzeichnet diese Publikation in der Deutschen
Nationalbibliografie; detaillierte bibliografische Daten sind im
Internet über dnb.dnb.de abrufbar.*

© Erik Dilloo-Heidger, dilloo@t-online.de
und Christine Eike

Herstellung und Verlag – BoD Books on Demand,
Norderstedt

ISBN 9783753457581

9 783753 457581

Abbildung 1: Alois Mailänder (1889)

„Er glich in vielen seiner Erlebnisse dem Seher Jakob Böhme, der heute jedem Gebildeten bekannt ist als wunderbarer Mensch; er übertraf ihn als Hellseher in manchem Grade, aber himmelhoch übertraf er ihn durch die erwähnte Erkenntnis, dass ein Weggehen von der Welt falsch ist, so erhaben diese Weltflucht auch scheinen mag."

Gustav Meyrink über Alois Mailänder
in „Die Verwandlung des Blutes"

Mein besonderer Dank gilt Christine Eike. Sie hat in mühseliger Arbeit die vorliegende Textfassung mit dem handschriftlichen Original verglichen und wesentliche Berichtigungen angebracht.

Danken möchte ich auch Frau Bärbel Mund und der Niedersächsischen Staats- und Universitäts bibliothek Göttingen für das sorgfältige Anfertigen von Scans der Originalschriften sowie die Erlaubnis, die Texte von Alois Mailänder aus der Handschrift von Wilhelm Hübbe-Schleiden zu publizieren.

Von mir selbst wurden die Schriften Mailänders aufgesucht, ihre Herkunft von Mailänder gesichert, die Texte in Maschinenschrift übertragen, Anordnung und Abschnitte gestaltet und für den Druck vorbereitet.

Erik Dilloo-Heidger,
Überlingen am Bodensee,
2021

Inhaltsverzeichnis

I. Einleitung

I.1 Ein kurzer Blick auf Alois Mailänder

Wer war Alois Mailänder?

Sein Leben ist schnell erzählt. Geboren wurde er 1843 in Fidazhofen, einem kleinen Vorort von Ravensburg im schwäbischen Hinterland des Bodensees. Seine Mutter kam als Saisonarbeiterin aus dem österreichischen Tirol; sie war arm und Alois war ihr einziges Kind, das sie als alleinstehende Mutter großzog. Mailänders Vater ist unbekannt geblieben. Die Armut war so groß, dass Alois Mailänder (1843-1905) nie eine Schule besuchen konnte. Er blieb zeitlebens ein Analphabet, der wenig mehr als seinen Namen schreiben konnte. Erstaunlicherweise führte er in den letzten zwanzig Jahren seines Lebens eine umfangreiche Korrespondenz mit Menschen aus allen gesellschaftlichen Schichten in ganz Europa aus Wien, Prag, Berlin, Leipzig, Hamburg, Wuppertal und selbst aus London und Boston. Seine Briefe wurden nach seinem Diktat von seiner Frau Karoline, seiner Schwägerin Crescentia Gabele oder anderen Menschen seiner Hausgemeinschaft geschrieben beziehungsweise ihm vorgelesen. Seine Schüler waren anfänglich Handwerker aus seinem Lebensumkreis, später dann weitete sich der Umfang seiner Adressaten und es kamen Künstler, Adelige und Industrielle dazu; bekannte Namen wie der deutsche Konsul von Persien, Gustav Gebhard, oder der Generalfeldmarschall des österreichischen Generalstabs, Blasius von Schemua, gehörten ebenso dazu wie das mittellose Maler- Ehepaar Pollak, der Multimillionär Oskar Baron von Hoffmann aus Leipzig oder die unter Pseudonym schreibenden österreichischen Schriftstellerinnen Alice Gurschner und Sophie Gräfin von Attems-Heiligenkreuz. Mailänders bekannteste Schüler waren zweifellos die beiden Schriftsteller Gustav Meyrink und Karl Weinfurter, sowie die beiden Theosophen Franz Hartmann und Wilhelm Hübbe-Schleiden. Diese führten viele ihrer Freunde und Anhänger ebenfalls zu Alois Mailänder.

Wie konnte ein so einfacher Mensch ohne Schulbildung für so viele Menschen wichtig werden? Gustav Meyrink bezifferte die Anzahl von Mailänders Schülerinnen und Schüler mit der Zahl 54[1], genauer lässt sich das heute wohl nicht mehr bestimmen. Jeden von seinen Schülern hat Mailänder betreut und begleitet durch persönliche Worte in Briefen und als aufmerksamer Zuhörer bei Gesprächen und Besuchen in seinem Heim. Von einem seiner Schüler sind Briefe, wie sie Mailänder schrieb, erhalten[2]. Von einem anderen Schüler sind ebenfalls zwei kleine Schriften erhalten, die auf Worten von Mailänder beruhen[3]. Diese Schriften erhielten den Namen «Seelenlehre» und «Formenlehre». Im hier vorliegenden Buch werden sie zum ersten Mal der Öffentlichkeit vorgestellt.

Den hier vorliegenden Text haben wir einem Schüler von Alois Mailänder, Wilhelm Hübbe-Schleiden (1846-1916), zu verdanken. Dieser hat den ursprünglichen Text für seinen persönlichen Gebrauch abgeschrieben. Hübbe-Schleiden hatte zunächst den Schwager von Alois Mailänder, Nikolaus Gabele, im Salon von Gräfin Caroline von Spreti in München kennen gelernt. Caroline von Spreti war die Schwester von

1 Meyrink, Gustav; Die Verwandlung des Blutes. Meyrinkiana VI, 14 Blatt 23. Erste Druckfassung: Ullstein 1922
2 Mailänder, Alois; Dilloo-Heidger, Erik (Hrsg); 44 Briefe an Gustav Meyrink. Norderstedt 2020
3 Mailänder, Alois; Seelenlehre. Formenlehre. Nachlass Wilhelm Hübbe-Schleiden. Niedersächsischen Staats- und Universitätsbibliothek Göttingen; Cod_MS_W_Huebbe_Schleiden_1018

Franz Hartmann und kannte aus ihrer Jugendzeit in Kempten Nikolaus Gabele. Nikolaus Gabeles Mutter war in Kempten „bekannt als eine Frau, die besondere okkulte Kräfte *(Siddhis)* besaß, durch die sie kranke oder besessene Menschen und Tiere heilte und viel Gutes stiftete"[4], wie Franz Hartmann berichtete. Nachdem Hübbe-Schleiden nach München gezogen war, besuchte er in der Weihnachtszeit 1884 den Salon der Gräfin von Spreti, wo er, wie eben angedeutet, über Umwege mit Alois Mailänder bekannt wurde. Schon kurze Zeit danach erhielt er von Mailänder die ersten Übungen und Anweisungen für seine eigenen Meditationen[5].

Elf Jahre später, von Ende Juli bis Anfang Oktober 1896 verweilte Hübbe-Schleiden dann für mehrere Wochen (mit Unterbrechungen) bei Mailänder in dessen Heim in Dreieichenhain zwischen Darmstadt und Frankfurt/Main. In dieser Zeit wurden die Abschriften angefertigt, die für den vorliegenden Text verwendet wurden (siehe I.5).[6]

---

4 Hartmann, Franz; Denkwürdige Erinnerungen aus dem Leben des Verfassers der 'Lotusblüthen'; In: „Lotusblüthen". Oktober 1897 S.603f

5 Hübbe-Schleiden; Notizbucheintrag ohne Datum, 1885 Blatt 12 notiert: «Gabele fragen zu jetziger Übung» Cod_MS_W_Huebbe_Schleiden_1012_4 Notizbuch

6 Im Sommer 1896 verbrachte Hübbe-Schleiden mehrere Wochen bei Mailänder (27-31.7.86; 1.-9.08.96 und 22.9.-3.10.96). Darüber schreibt er in seinen Tagebüchern 1896:
Cod_Ms_W_Huebbe_Schleiden_1013_15
Cod_Ms_W_Huebbe_Schleiden_1013_16 und
Cod_Ms_W_Huebbe_Schleiden_1013_18

I.2 Der Anlass zu Mailänders Schriften

Mailänders Seelen- und Formenlehre sind erst gegen Ende seines Lebens entstanden. Mailänder starb mit 62 Jahren. Bis zu seinem siebenundvierzigsten Lebensjahr war er als Fabrikarbeiter in einer mechanischen Weberei tätig. Der Arbeitstag war lang, 11 und 12 Stunden, man arbeitete sechs Tage die Woche für geringen Lohn. In dieser Zeit hatte Mailänder nur Schüler aus seinem unmittelbaren Lebensumfeld. Für Korrespondenzen oder schriftstellerische Tätigkeit war weder Zeit noch Kraft vorhanden. Nach dem Jahr 1886 änderte sich das. Zuerst zog er im Jahr 1886 von seinem bisherigen Wohnort in Kempten im Allgäu nach Vohwinkel bei Elberfeld. Dort lebte Mary Gebhard, die ihn als Mäzenin finanziell unterstützte. Anfangs arbeitete er auch in Elberfeld weiterhin als Weber in einer Fabrik. Doch dann ging es ihm gesundheitlich schlecht, er bekam Blutstürze und seine Mäzene beschlossen, für ihn eine andere Lebenssituation zu schaffen. Im Jahr 1890 wurde für ihn ein Haus mit landwirtschaftlichem Anwesen in Dreieichenhain erworben und er wurde finanziell unterstützt, so dass er sich ganz seiner Tätigkeit als geistlicher Berater seinen Schülern widmen konnte. In der Zeit nach 1890 entstanden die Briefe und auch die Schriften, die von ihm erhalten sind[7].

Alois Mailänders Mäzenin Mary Gebhard war als Gattin eines erfolgreichen Fabrikbesitzers in der Lage, für Mailänder und seine ganze Hausgemeinschaft von etwa zehn Personen finanziell aufzukommen. Frau Gebhard war allem Spirituellen gegenüber sehr aufgeschlossen. In den Jahren 1871 bis 1875 hatte sie den französischen Okkultisten Eliphas

---

7   Mehr zur Biographie von Alois Mailänder ist nachzulesen in: Mailänder, Alois; Dilloo-Heidger, Erik; 44 Briefe an Gustav Meyrink. BoD Norderstedt 2020.

Lévi unterstützt und ihn in ihrem Haus aufgenommen, als während des deutsch- französischen Krieges die Lebensumstände in Paris unerträglich geworden waren. Nach 1883 unterstützte Frau Gebhard Madame Blavatsky, die Begründerin der damals weltweit sich ausbreitenden theosophischen Bewegung. Nach 1886 war Alois Mailänder ihr ans Herz gewachsen. Doch Marys Engagement für Mailänder war nicht nur altruistisch. Sie brauchte dringend seinen Rat und seine geistliche Unterstützung. Denn zu dem Zeitpunkt, als sie ihn kennen lernte, waren ihre beiden jüngsten Söhne Hermann (†1881) und Walter (†1886) durch Suicid aus dem Leben geschieden. Alois Mailänder konnte in dieser Situation von seelischer Bedrängnis und Not Mary Gebhard und ihrer gesamten Familie Beistand leisten.

Es war diese außergewöhnliche Lebenssituation, die Alois Mailänder mit der Familie Gebhard verband und dadurch mit der Welt der Theosophen in einen Kontakt brachte. Weitaus die meisten Menschen, die in der Folgezeit seine Schüler wurden, hatten irgend etwas mit der theosophischen Bewegung zu tun.

Ob Mary Gebhard in irgend einer Weise an der Niederschrift der Seelen- und Formenlehre beteiligt war, kann man nicht sagen. Ein Großteil der Aphorismen hat eine dialogische Form nach dem Muster „Schülerfrage – Meisterantwort". Dies könnte darauf hinweisen, dass jemand Alois Mailänder gegenübersaß, der (oder die) dann die Worte des Lehrers zu Papier brachte.

I.3   Die Grundgedanken der Formenlehre

Der Name der Seelenlehre erklärt sich von selbst; nicht aber der Titel „Formenlehre". Für Mailänders Formenlehre gibt es Vorbilder, allerdings nicht im 19.Jahrhundert, in dem Mailänders Schrift entstanden ist, sondern in der Renaissance bei Paracelsus, der in seiner Naturlehre über die Signatur der Dinge sprach. Auch bei Jakob Böhme findet man ähnliche Gedankengänge wie in Mailänders Formenlehre. Diese zeitlich so fern liegenden Schriften als „Vorbilder" für Mailänder zu bezeichnen, scheint konstruiert zu sein. Dem ist aber nicht so. Denn zumindest die Schriften von Jakob Böhme und besonders die seiner Schüler John Pordage und Jane Lead wurden im schwäbischen Pietismus hoch geschätzt und in der Folge auch in Mailänders Hausgemeinschaft gelesen und kommentiert.[8]

Die Signaturenlehre des Paracelsus hatte ihren Ursprung im Altertum, als man davon überzeugt war, dass eine jegliche Heilpflanze eine „Signatur" in sich trage, also verschiedene Erkennungszeichen, an denen man erkennen könne, wofür eine Pflanze geschaffen sei. Man drückte dies in den Worten aus: Wer die „Signaturen" kenne, also wer „im Buch der Natur zu lesen" verstehe, der könne heilen.

Vom selben Grundgedanken angeregt, hatte Jakob Böhme eine Schrift verfasst, die den Namen „De Signature Rerum"[9]

---

8   Der Brief von Crescentia Gabele an Gustav Meyrink vom 25.6.1897 verweist auf Schriften des Böhme-Schülers John Pordage.

9   Böhme, Jakob; De Signatura Rerum, Das ist: Von der Geburt und Bezeichnung aller Wesen: Wie alle Wesen aus einem Einigen Mysterio urständen; und wie sich dasselbe Mysterium von Ewigkeit immer in sich selber erbähre, und wie das Gute ins Böse, und das Böse ins Gute verwandelt werde. Item: Wie die äussere Cur des Leibes durch seine Gleichheit müsse geführt werden. Was jedes

(Über die Zeichenhaftigkeit der Dinge) trug und in der Jakob Böhme ein jegliches Geschöpf der Welt in seiner Bezogenheit zum Schöpfer deutete. Diesen Grundgedanken findet man in Alois Mailänders Formenlehre wieder, allerdings in anderer Weise als bei Jakob Böhme.

Ein Bild ist stets mehrdeutig und kann, wenn man es richtig benützt, einen sehr umfassenden Kontext bezeichnen. Die Sprache der Bilder ist poetisch. Und auch die Träume und das Unbewusste sprechen sich in Bildern aus. Bilder sprechen uns unmittelbar an, tiefer als abstrakte Begriffe. In dieser Art muss man sich Mailänders Formenlehre nähern. Wenn man sich immer wieder aufs Neue mit Mailänders Symbolen beschäftigt, fangen diese Bilder an zu „sprechen". Die Formenlehre von Alois Mailänder diente dem Zweck, den religiösen Gehalt von Bildern und Symbolen aufzeigen. Wenn man sie im eigenen Traumleben wiederentdeckt, soll man sich ihnen bewusst zuwenden. Wenn man von ihnen erfüllt ist, soll man darüber meditieren. Mailänders Schrift über die Formen ist eine Art „Traum-" oder „Symbol-Lexikon" für Bilder in ihren biblischen Beziehungen.

Man findet interessante Ähnlichkeiten, aber auch Sinnverschiebungen, wenn man Mailänders „Formenlexikon" einmal mit einem gängigen, populären „Traumlexikon" vergleicht. Ein herkömmliches „Traumlexikon" ist in der Regel ein vordergründigs Zuschreiben von Bildern auf einen seelischen Zusammenhang. Bei Mailänder ist dies nicht so. Er arbeitete auf einer Ebene, die man – reflektiert und mit wissenschaftlichem Hintergrund – am ehesten bei C.G.Jung wiederfinden kann.

Dinges Anfang auch Zerbrechung und Heilung sey. Amsterdam 1682

I.4 Die Seelenlehre

Alois Mailänder erlebte in den Jahren 1876 und 1877 eine tiefe Lebenskrise, die ihm ein tiefes Leid brachte. Damals verlor er seinen einzigen Sohn[10]. In der Zeit großer Trauer und innerer Not fand er in den Worten der Bibel einen Halt, neue Zuversicht und eine Lebensgrundlage, die ihn befähigte, sein Leben zu bejahen. Genaueres darüber wissen wir nicht. Es ist kein Zufall, dass Mailänder in diesem Zusammenhang einen neuen Namen angenommen hat, den „Geistnamen Johannes". Mailänders später entstandene „Seelenlehre" ist in der Tat von vielen Gedanken geprägt, die mit dem Evangelium des Johannes in einer inneren Beziehung stehen. Immer wieder kommt Mailänder in seiner Seelenlehre zu der Frage zurück, wie das göttliche Wort, der Logos, im Menschen lebendig wird. In jedem Menschen. Es geht nicht allein um die Frage, wie das göttliche Wort einmalig im Menschen Jesus von Nazareth lebendig geworden ist, sondern wie es auch heute in jedem Menschen lebendig werden kann. Seine eigene Lebenskrise wurde für Mailänder der Anlass, zu beobachten, wie das „Wort Gottes" im Menschen arbeitet. Mailänder beobachtete gewissermaßen sein eigenes Glaubensleben. Das begann bei Null. Dort liegt der Anfang. Immer wieder findet man in Mailänders Briefen die Aussage: „Der Mensch muss viel leiden". Mailänder war der Ansicht, dass der Übergang zu einem lebendigen Leben im Glauben schmerzhaft sei. - Das Abstreifen des „alten Adam" und die Geburt des „neuen Menschen" ist nach seiner eigenen Erfahrung ein leidvoller

---

10 Eintrag im Register der Stadtverwaltung Dreieich: „Heirat 21.03.1874 in Ravensburg. Anton Mailänder, geboren 06.02.1876 in Kempten (rk), gestorben 29.03.1877 in Kempten. Anton wurde 1 Jahr und 1 Monat alt."

Prozess, welcher der Seele Schmerzen bereitet. Mailänder war der Überzeugung, es gehe nicht anders. Das Leid des „äußeren" Mensch gebe dem „inneren" Menschen die Möglichkeit, zu entstehen: Das Leid ist ein Durchgangsstadium zur inneren Wiedergeburt. Im Leid erwacht das innere Wort zum Leben.

Die Überzeugung, die Mailänder hier ausdrückt, hat er gemeinsam mit vielen Denkern des Pietismus und man kann annehmen, dass Mailänder in seiner Lebenskrise jemandem begegnet ist, der sich aus den religiösen Wurzeln des Pietismus ernährt hat. Daraus hat Mailänder aber keine Leidenstheologie entworfen, sondern er ist zu der Überzeugung gekommen, dass nach einer Phase des Leides das eigentliche innere Leben beginnen kann. Er suchte seinen Schülern zu vermitteln, dass in jedem Menschen „das göttliche Wort" wachsen und Gestalt annehmen kann. Und er gab praktische Anleitungen dazu, die seinen Schülern auf ihrem Weg helfen können.

Mailänders Glaubensgewissheit war in zentralen biblischen Aussagen begründet. Mailänder hat sich durch seinen „Geistnamen" Johannes mit der Theologie des Johannes identifiziert. Diese Theologie denkt vom Logos, vom göttlichen Wort her. Wie kommt das göttliche Wort zum Menschen? Wie nimmt es Gestalt an? Wie inkarniert es sich und bleibt nach Ostern durch den Heiligen Geist bei den Menschen? Diese Frage war für Alois Mailänder der Mittelpunkt seines Lebens geworden. Im Johannesevangelium ist dieser Gedanke der rote Faden, an dem alle Inhalte aufgefädelt sind. Hier wird jedes Geschehen daraufhin befragt: Wie lebt der göttliche Logos bei den Menschen? Die Vorrede zum Johannesevangelium, der Prolog, bringt diese Überzeugung auf den Punkt: „Und das Wort ist Fleisch geworden und wohnte unter uns" (Joh 1,14).

Doch nicht nur bei Johannes, auch bei Paulus, findet man Bezugspunkte für Mailänders Denkungsart. Bei Paulus wird Jesus als der „Erstgeborene" der Schöpfung bezeichnet, dem alle „neuen Menschen" folgen werden (Kol 1,15). Anders formuliert Paulus diesen Gedanken und sagt, dass alle Menschen durch den Heiligen Geist zu Söhnen und Töchtern Gottes werden (Gal 4,7). Die spätere Theologie spricht davon, dass alle, die Christus nachfolgen, «Wiedergeborene durch das lebendige und bleibende Wort Gottes» werden (1 Petr.23).

Mailänder war zutiefst davon überzeugt, dass das göttliche Wort in Jesus von Nazareth in einer vollkommenen Weise da war. Auch war er davon überzeugt, dass jeder Mensch immer mehr vom Gotteswort erfüllt sein kann, in seinen Gedanken, im Herzen, in seinem ganzen Körper (bis zu den Füßen und Händen) und in seinen Taten. Um dieses Thema kreist das Denken Mailänders, des armen, ungelehrten Webergesellen aus Kempten im Allgäu. Er hat zwar nie eine Schule besuchen dürfen, hat nie richtig lesen und schreiben gelernt. Seinen Namen konnte er nur hinkritzeln. Aber Erfahrungen und Beobachtungen über das „Wort" im eigenen Herzen und im Leben der Menschen um ihn herum machte er in Fülle. Darüber sprach er mit Menschen aus seiner unmittelbaren Umgebung. Und das hatte er im Blick, wenn er die vielen Menschen beriet und begleitete, die zu ihm kamen. Er richtete seine Mitmenschen auf, tröstete sie, sprach ihnen Mut zu und begleitete unzählige Menschen, die sich ihm in ihren Lebenskrisen anvertrauten.

Die Mystik des Alois Mailänder möchte die Menschwerdung des Logos nicht in der Theorie und in gelehrten theologischen Gedanken verstehen, sondern konkret, „in mir und dir". Wie wirkt das göttliche Wort im Menschen? Wo wird es wahrgenommen (im Herzen)? Welchen Weg nimmt es vom

Herzen über das Denken und Handeln durch den ganzen Körper bis „in die Füße"? Wie verwandelt das lebendige Wort den Menschen? Wie wird das göttliche Wort zur Weisheit auf der einen Seite und zur Tat auf der anderen Seite? Auf welche Hindernisse stößt das Wort bei seiner Fleischwerdung? Was bewirkt das göttliche Wort in der Welt der Menschen? Durch Selbstbeobachtung eines tief gläubigen Menschen ist auf diese Weise eine ganz eigene Mystik entstanden.

Es gibt viele Mystiker, die davon erzählen, wie sie ihre Beziegung zu Gott erleben und was sich in ihrem Herzen tut. Aber sich als gläubigen Menschen selbst zu beobachten und den Glaubensvollzug für andere zu beschreiben, das findet man bei Alois Mailänder. Dadurch ist er zu einem modernen Mystiker geworden.

Alois Mailänders Seelenlehre liest sich wie eine lose Aneinanderreihung von Aphorismen. Sie macht den Eindruck, als sei sie nach dem Gehör oder kurz nach ihrer Verlautbarung zusammenfassend niedergeschrieben worden. Die Sprache ist manchmal holperig oder auch vom schwäbischen Dialekt geprägt – was man natürlich nicht am Wortklang, sondern an der Wortwahl und an der Grammatik bemerkt. Man muss sich an diese Sprache gewöhnen.

Im Katalog der Universitätsbibliothek in Göttingen ist Mailänders „Seelenlehre" nicht verzeichnet, auch nicht im sogenannten „Findbuch" des Nachlasses von Hübbe-Schleiden. Nur bei Norbert Klatt, der diesen Nachlass bearbeitet hat, findet man eine Bemerkung über Mailänders Seelenlehre sowie die Signatur, unter der sie in der Universitätsbibliothek in Göttingen zu finden ist.[11] Als ich Mailänders

---

11 Mailänder, Alois; Seelenlehre. Formenlehre. Nachlass Wilhelm

„Seelenlehre" im Nachlass von Wilhelm Hübbe-Schleiden entdeckte, machte sie auf mich einen so tiefen Eindruck, dass ich diese Schrift nicht dem Vergessen überlassen wollte. Ich entschloss mich deshalb, den handschriftlichen Text von Wilhelm Hübbe-Schleiden zu entziffern und dann in einer lesbaren Form dem Publikum vorzustellen. Sehr herzlich möchte ich Christine Eike dafür danken, dass sie mich in Rat und Tat dabei unterstützt hat.

Erik Dilloo-Heidger

Hübbe-Schleiden. Niedersächsischen Staats- und Universitätsbibliothek Göttingen; Cod_MS_W_Huebbe_Schleiden_1018
Klatt, Norbert; Der Nachlaß von Wilhelm Hübbe-Schleiden in der
Niedersächsischen Staats- und Universitätsbibliothek Göttingen
1996

I.5 Wie entstanden die Seelenlehre und die Formenlehre?

Die beiden Schriften sind im Nachlaß von Wilhelm Hübbe-Schleiden erhalten geblieben. Sie sind jedoch kein Original aus der Hand des Kreises um Mailänder, sondern Abschriften. Im Tagebuch[12] aus dem Jahre 1896 hat Hübbe-Schleiden eine Eintragung für den 1. Oktober:

> *Vormittags* _Formenlehre_ *für Paula abgeschrieben, und die sämtlichen Zusätze seit 1892 als* _Nachträge_ *zur Formenlehre und zur Erkenntnislehre (I.Teil Seelenlehre, II.Teil Götterlehre) für mich selbst.*

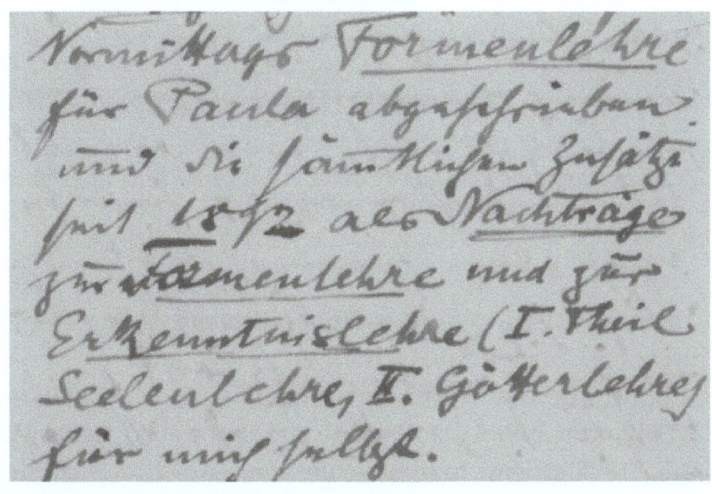

Das heißt mit anderen Worten, dass die beiden Schriften schon vor 1896 existierten, mindestens seit 1892, und dass bis zum Jahre 1896 „Nachträge" hinzugefügt wurden.

---

12 Original im Nachlaß von Wilhelm Hübbe-Schleiden, Niedersächsischen Staats- und Universitätsbibliothek Göttingen Signatur Cod_Ms_W_Huebbe_Schleiden_1013_18 Tagebuch 1896 S.47

Jedenfalls die *Seelenlehre* konnte somit jederzeit erweitert werden. Wir wissen nicht genau, wer die Niederschrift geleistet hat. Ich nehme an, es waren mehrere der Schüler, doch die sogenannte „Gabriele" koordinierte sie in irgendeiner Weise. „Gabriele" hieß mit ihrem eigentlichen Namen Crescentia Gabele, die Gattin von Mailänders Schwager Nikolaus Gabele, die nachweislich auch viele von Mailänders Briefen niedergeschrieben hat.

Ins Tagebuch (1896 Nr. 15) notiert Hübbe-Schleiden für den 20. Juli 1896

> *Abends im Gasthof <u>Gabriele</u> (<u>Frl. Pott´s</u>) Aufzeichnungen der Worte von Johannes & Salomon im Geistes Kreise gesprochenen Worte durchgearbeitet, insbesonders die Scenen im Heim vom <u>13. Mai 95</u>, bei der Joh. diktierte, während er in der Wasserrinne unter der Pumpe lag, und die Tage um Pfingsten vom 22. Mai – 4. Juni in Dippelshof.*

Anzunehmen ist also, dass Hübbe-Schleiden mit Gabriele (Crescentia Gabele) Aufzeichnungen einer anderen Person durchging, die die Worte von Johannes (Alois Mailänder) und Salomon (Nikolaus Gabele) aufgeschrieben hatte. Am 13. Mai 1895 scheint Mailänder in einer Art Trance diktiert zu haben.

Diese zwei Zitate zeigen uns Folgendes:

Erstens: Es existierte neben der Seelenlehre und der Formenlehre auch eine Götterlehre, die den zweiten Teil der Erkenntnislehre ausmachte, während die Seelenlehre der erste Teil der Erkenntnislehr war. Die Götterlehre hingegen ist uns nicht erhalten geblieben.

Zweitens: Nicht nur die Worte von Alois Mailänder wurden niedergeschrieben, sondern auch die Worte von Nikolaus Gabele. Doch ist anzunehmen, dass Mailänders Worte mehr Gewicht hatten und zahlreicher waren.

Die Formenlehre existierte auch in einer anderen Abschrift, der von Gustav Meyrink. Sie ist nicht mehr erhalten, jedoch verweist ein Buch aus dem Jahre 1925 von Emil Dornseiff[13] auf sie:

> ... in einem kleinen Ms. dieses Mannes, das im Besitz Meyrinks ist, ist folgende Tabelle zur Deutung der so erschienen Buchstaben[14]:

> A Glaube fest, dann wird es Dich erlaben.
> B Nur im Geist kann man Gott über alles lieben.
> C Kämpft für mein Reich.
> D Ich ehre die reine Braut
> usw. bis Z.

Auch in einem Brief an Gustav Meyrink[15] vom 23. September 1893 bezieht sich Mailänder auf die Formenlehre und in einem Brief vom 12. April 1898 empfiehlt er Meyrink:

> Für das erste ist gut, wenn du Ferschin den Formen-schlüssel gibst, damit er sich nach und nach hineinlebt, und dann einen Teil der Formensprache. Damit er die

---

13 Dornseiff, Franz; Das Alphabet in Mystik und Magie, zweite Auflage, Leipzig-Berlin 1925, S. 153
14 Er meint: als Folge von Konzentrationsübungen, konnten auf der Haut buchstabenförmige Reizerscheinungen sichtbar werden
15 Alois Mailänder 44 Briefe an Gustav Meyrink, herausgegeben und kommentiert von Erik Dilloo-Heidger, Norderstedt 2020

Bilder, im Gesicht und Traum und dessen Auslegung erkennen lernt.

Für mich war Alois Mailänder und sein Kreis, der der *Bund der Verheißung* hieß und seit 1890 in Dreieichenhain im *Bruderheim* in der Solmischen-Weiher-Straße 22 logierte, ein unbeschriebenes Blatt. Erst vor einigen Jahren wurde ich auf diesen Mann aufmerksam gemacht und konnte seither nur mit immer größerem Erstaunen feststellen, wie weitreichend sein Einfluß auf die esoterische und okkulte Welt des neunzehnten und 20. Jahrhunderts war. Erstaunlich auch, was alles hier unter diesen einfachen Menschen dieser Hausgemeinschaft gelesen wurde, wie aus einigen Briefen hervorgeht. Die Tiefsinnigkeit der Aussprüche läßt einen auch nur staunen und der Vergleich mit Jakob Böhme scheint in gewissem Sinne berrechtigt. Um jedoch in der Lage zu sein, die Tiefe dieser Lehre zu erfassen, einer Lehre, die jedoch sprachlich auf mich des öfteren etwas unbeholfen wirkt, braucht man einige Zeit und viel Nachdenken. Ich wünsche nur, dass sich auch unsere Leser, diese Zeit gönnen.

Christine Eike

Seelenlehre

II. Der Text der Seelenlehre

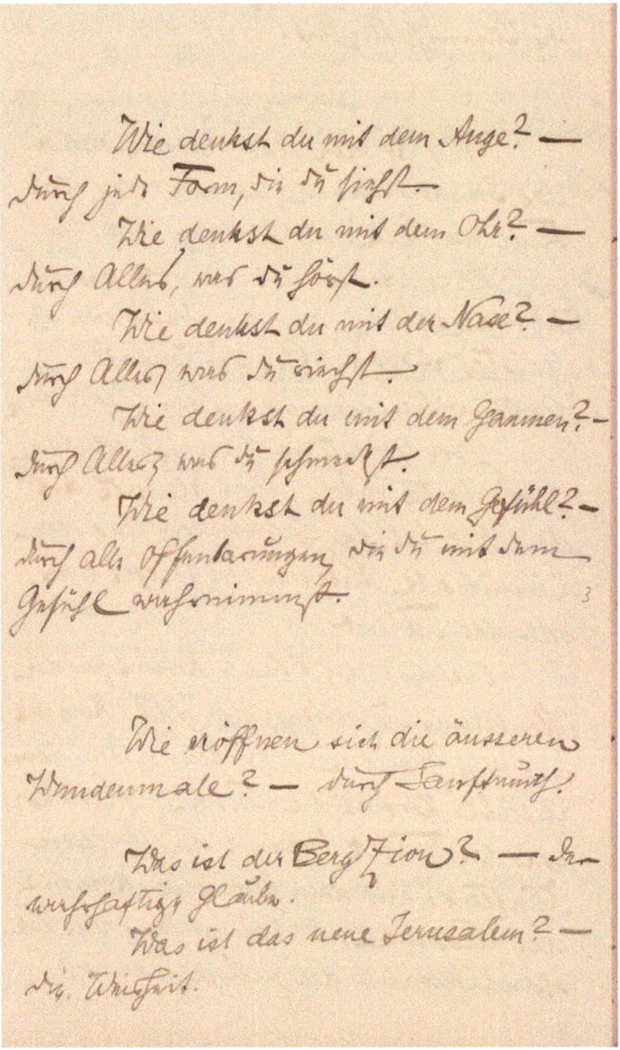

Abbildung 2: Blatt 3 aus Hübbe-Schleidens
handschriftlichem Exemplar der „Seelenlehre"

Wie denkst du mit dem Auge? —
durch jede Form, die du siehst.

Wie denkst du mit dem Ohr? —
durch Alles, was du hörst

Wie denkst du mit der Nase? —
durch Alles, was du riechst. -

Wie denkst du mit dem Gaumen?
durch Alles, was du schmeckst.

Wie denkst du mit dem Gefühl? —
Durch alle Offenbarungen, die du mit dem
Gefühl wahrnimmst.

Wie eröffnen sich die äußeren
Wundenmale? — durch Sanftmut.

Was ist der Berg Zion? — der
wahrhaftige Glaube.

Was ist das neue Jerusalem? —
die Weisheit

Text 1: Übertragung von Hübbe-Schleidens Abschrift
(Seite 3)

Erkenntnis – Lehre
Erster Teil

– Seelenlehre –

1.

- Wie denkst du mit dem Auge? -
durch jede Form, die du siehst.
- Wie denkst du mit dem Ohr? -
durch Alles, was du hörst
- Wie denkst du mit der Nase? -
durch Alles, was du riechst. -   {3}
- Wie denkst du mit dem Gaumen?
Durch Alles, was du schmeckst.
- Wie denkst du mit dem Gefühl? -
durch alle Offenbarungen, die du mit dem Gefühl
wahrnimmst.

Von einem „Zweiten Teil" mit dem Titel „Götterlehre" ist
kein Exemplar erhalten.
Der durch Hübbe-Schleiden überlieferte Text ist
fortlaufend und ungegliedert. Die Einteilung und
Nummerierung nach Sinnzusammenhängen wurde durch
den Herausgeber vorgenommen; ebenso die
Anmerkungen in geschweiften Klammern { ... }. Inhalte in
den eckigen Klammern [...] stammen von Hübbe-
Schleiden als mögliche Lesevarianten. Hübbe-Schleidens
Paginierung {...} bezieht sich auf die Doppelblätter im
handschriftlichen Manuskipt.

2.

Wie eröffnen sich die äußeren Wundenmale?
- durch Sanftmut.

3.

- Was ist der Berg Zion?
Der wahrhaftige Glaube.
- Was ist das neue Jerusalem? -
die Weisheit.
- Was ist die Hochzeit des Lammes? -
die Tugendhaftigkeit.

4.

Wir können das Äußere nur
in das Innere bringen,
wenn wir von dem Feuer der Liebe
durchdrungen sind.

5.

Der Mensch ist aus Gott um des **Wortes** willen,
aus der Natur um des **Geistes** willen.
Um des Zeugnisses Gottes willen sind wir aus
den Elementen.

6.

Der Größte im Himmel ist der geoffenbarte Vater.
Das Kleinste auf der Welt ist das Samenkorn,
das der himmlische Vater in uns gelegt hat,
oder das Talent.

7.

Erstens:
der Glaube kommt aus der Offenbarung.
Zweitens:
der Wille kommt aus dem Glauben.

Drittens:
Aus dem Gefühl kommt die Furcht.
Viertens:
Aus der Furcht kommt das Gewissen.
Fünftens:
Aus dem Gewissen kommt der Verstand.
Sechstens:
Aus dem Verstand kommt die geistige
Erkenntnis. {4}

8.

In dem Haupt ist der Gedanke.
In dem Munde ist das Wort oder das Zentrum
von allen Kräften;
und im Herzen ist die Offenbarung.
Im Gefühl ist der Geist der Offenbarung;
und der Gedanke ein Knecht.
Wie kommt der Gedanke zu sich selbst?
- Im Gefühl. -

9.

Wie denkt man mit den Fingern?
- Wenn man die inneren Kräfte
mit den Fingern vergleicht.
Die Hand ist stark,
alle inneren Kräfte noch stärker.

10.

Wir lieben einander dadurch,
dass wir den geistig freien Willen haben.
Im Namen Jesu beten wir in der Liebe.
Das Gegenstück der Liebe ist der Hass,
aus dem die Bosheit entspringt.

11.

- Wie soll man leben? -
Im geistigen Glauben.
- Wie kommt man zu [nach] Hause? -
durch den festen Willen.

12.

Du sollst allein an einen Gott glauben
und keinen Götzen dienen.
Du sollst nur an **den** Gott glauben,
welcher in dir selber ist und sich dir offenbart.

13.

- Wie kann man dem Schöpfer dienen?
Durch das Gebet des Vater Unsers.
Man soll nicht um dieses und jenes bitten,
sondern um was das Vater Unser fordert:
In ihm liegen alle Bitten enthalten.

14.

- Wie erkennt man das Innere? -
durch die Liebe zu dem göttlichen Geiste
in sich selbst.
Empor zu den Höhen!
Die Hoffnung hebt empor!

15.

- Was ist geistige Freiheit?
Wenn man die Begierden und Leidenschaften
des eigenen Körpers bekämpft.

16.

- Was ist das Ich? -
Die Kraft. Gottvertrauen. -
Der innere Mensch zeigt sich selbst.
Vorwärts geht's durch die Erkenntnis.   {5}

17.

- Welches ist des Menschen Hauptkraft? -
Die ausströmende Kraft aus den Fingerspitzen.

18.

Christus sagt: Ich bin der Weg,
die Wahrheit und das Leben;
wer aus seinem Inneren Belehrung schöpft
- das ist Geistesleben.

19.

Die Liebe des Weibes führt uns zum Ziel;
und dieses Weib ist unser äußeres Ich,
und dieses Ich ist unsere Ehre
(d.h. guter Wille).

20.

Der Mensch ist dreieinig:
erstens in der Ursache;
zweitens in der Wirkung;
drittens in dem Schaffenden.

21.

Durch den Eigensinn
kommt die Widerspenstigkeit,
und durch diese
die schlechten Launen beim Menschen.

22.

Auf den Füssen steht der Mensch,
das heißt: das Leben;
- Und was ist das Leben? -
die Liebe.

Im Herzen ist die Hoffnung;
- und was ist die Hoffnung? -
die Gottesfurcht.

Im Haupt ist die Ordnung;
- und was ist die Ordnung? -
die Wahrheit.

23.

Was ist der innere Mensch? -
die Geduld;
- und was ist die Geduld? -
das Ende aller Kämpfe.

24.

Auferstanden ist die Sanftmüthigkeit;
und der Ewige spricht:
„Das ist euer Lohn;
denn es ist das Höchste
und die größte Tugend des Menschen".

25.

Wie legt man den Gedanken Zügel an?
- Wenn man alles Äußere
als einen Durchgang ansieht
und nicht in sich aufnimmt.

26.

Was ist der Wille?
- eine dem Menschen eigene Kraft.
Und wo hat sie ihren Sitz?
- Im Leben, und dieses ist das Blut.
Bei einem äußeren Menschen
ist das Blut der Wille über das Fleisch,
und bei einem inneren Menschen
ist das Wort Gottes die Kraft
über Fleisch und Blut.

27.

- Mit was vollführt der Mensch
seine äußeren Handlungen? -
Mit den Händen
und in denen liegt das Gericht
über gute und böse Handlungen.   {6}

28.

Der Gedanke ist das Licht im Menschen.

29.

Die Formen, die wir auf dem Körper tragen,
sind die ersten Wegweiser des Geistes.

30.

Die Seele ist das Wort,
und die Seele meiner Seele ist der Gedanke,
und die Erkenntnis dieser Beiden
ist die Offenbarung.

31.

Was man säet, das wird man ernten.

32.

Was ist die Kraft des inneren Wortes? -
die Wahrheit.
- Und wie erkennen wir die Wahrheit?
- dadurch, dass wir das Wort lebendig machen
  im Gefühl.

33.

- Wie sind wir lebendig? -
Indem wir das Wort üben und die Gebote Gottes
befolgen lernen.

34.

- Was ist die Seele? - das Gefühl.
- Was ist ihre Kraft? - der Gedanke.

- Und was ist ihre Offenbarung? - das Wort.
- Und wo hat sie ihren Sitz? - im Herzen.

35.

Alles ist ergriffen von der Zeit. -
- Und was ist die Zeit? - die Bewegung.
- Und was ist die Bewegung? - das Blut.
- Und was ist die Kraft der Bewegung?
- die Wahrheit.

36.

Die Seele soll fortbestehen durch ihre Kraft;
und ihre Kraft ist die Luft
und durch den Schall oder Ton offenbaret sie sich
an dem Ohr des äußeren Menschen.

37.

Die Schöpfung oder Nahrung der Seele ist das
Auge,
wodurch man Formen sieht.

38.

Den Körper mit der Seele verbindet das Wort,
die Seele mit dem Geiste der Gedanke. Der Geist
oder die Kraft des Gedankens ist der Atem.

39.

- Welcher Geist durchdringt Mark und Knochen?
- der Glaube, den Gott gibt.
- Was ist der Lebensgeist des Glaubens? -
das Wort Gottes.

40.

- Was ist die Kraft des Wortes Gottes
nach außen? -
Seine Handlungen, die er vollbringen kann.   {7}

41.

- Wie erhält man die Geisteskraft?
- Dieselbe ist schon von der Geburt an
in uns gelegt.
- Wie erkennen wir sie?
- An unseren inneren Trieben und Neigungen;
z.b. Kranke heilen, Unwissende belehren,
Hellsehen u.s.w
- die Kraft dieser Gaben ist der Liebesgeist,
wodurch sie sich schaffend bewegen.

42.

- Wie unterscheidet sich Materie und Geist? -
das Erste ist eine äußere,
sichtbar schaffende Kraft;
das Zweite ist eine unsichtbar wirkende Kraft.

43.

- Was ist der Lebensgeist des Gefühls vom
inneren Menschen aus?
- die Sicherheit.

44.

Gedanke, Worte und Offenbarung
werden zur Tätigkeit vereint
durch den inneren Trieb nach dem Göttlichen.

45.

Durch die Wiedergeburt ist der Seele
die Macht gegeben,
sich in höhere Sphären zu erheben.

46.

Die Grundlage des Menschen ist der Glaube;
die erste Stufe: das innere Gefühl;
die zweite Stufe: die innere Erkenntnis;

die dritte Stufe: die innere Liebe.

47.

Wir sollen uns nicht Ahnungen,
falschen Gefühlen und Einbildungen hingeben;
denn sie sind wenige Male Wahrheit,
weil sie von unserm äußeren Geiste kommen,
wodurch wir gedrückt
und unruhig im Innern werden;
auf diesen müssen wir stehen lernen
[es missachten lernen?],
so wie auch neckische Träume,
durch welche wir geplagt werden.
Dadurch kommt die schwarze Fahne mit ihrem
dunklen Schatten unter unsere Füße
als Grundlage zu einem neuen
freien Geistesleben.

48.

Die erste Stufe:
aus dem Gefühl muss man gehen lernen,
d.h. tot sein für das sinnliche Äußere.
Zweite Stufe:
Erkenntnis hebt empor,
weil wir die Offenbarung des Gefühls
als unsern Geistesführer in der Wahrheit
erkennen.
Dritte Stufe:
die innere Liebe zu dem Geiste Gottes in uns
haben.

49.

- Was ist Ursache?
der in uns erwachende Glaube
- Was ist die Wirkung?

die in uns erwachende Liebe
- Was ist Schaffung?
das innere, neu erwachende Leben. {8}

50.

Vergangenheit, Gegenwart und Zukunft
liegen im Menschen.
- Wie **leben** wir in der Zukunft?
durch den Gedanken.
- Wie **sehen** wir in die Zukunft?
durch das Gefühl.
- Wie **wirken** wir in die Zukunft?
durch die Worte.

51.

Die Hoffnung ist ein verzehrendes Feuer für den,
der in ihr nicht beharrlich bleibt.

52.

Göttin Fluda [Seele] [Fluidum?] wird gebären
durch das Haupt,
dh. der im Haupt angezogene und liegende Same,
welcher das Blut schwängert des Mannes
wie des Weibes,
weil beide Leiber weiblich sind
und geburtsfähig nach dem Willen des Geistes,
zur Ehre und Verherrlichung unseres Gottes.

53.

Warum ist die Liebe größer
und stärker als Glaube und Hoffnung[16]?
- Darum, weil die Liebe
diese beiden Kräfte überwindet.

---

16 1 Korinther 13

Wie ist dieses möglich?
- Dadurch, weil Glaube und Hoffnung
nur innerlich wirkende Kräfte sind.

Die Liebe aber ist eine besiegende,
unüberwindliche Kraft
nach Innen und nach außen;
nur durch sie
können wir den Nebenmenschen helfen in Not,
Krankheit und Gefahr.

54.

Was ist die innere Kraft des Glaubens?
- die Hoffnung; d.h. alles dasjenige,
was wir wünschen,
z.B. in den Geist [zu] kommen.
Diese inneren Wünsche sind
die Grundlage des Kreuzes und winden /
heben es immer höher empor.

55.

Wie denkt man in die Ferne?
- durch den festen Willen.

56.

Und was ist die Kraft,
dass der Gedanke wirket in der Ferne?
- durch unsern eigenen Glauben.

57.

Wie ehrt man seinen Nächsten?
- durch gute Werke, die man an ihm tut.

58.

Wie ehrt man sich selbst?
- wenn man seine Glieder
von bösen Handlungen zurückhält.   {9}

59.

Der Gedanke gehet aus dem Herzen,
durchdringt gleich einem Kreis
von oben bis unten den Menschen
und geht in den Mittelpunkt, das Herz, zurück.
Als Licht dringt der Gedanke in das Herz
und als Schatten geht er wieder vom Herzen aus.
Der Schatten ist das Zeugnis vom Licht
 in der Gestalt von verschiedenen Formen,
die sich bilden.

60.

Was ist Finsternis?
- der Mensch, der keine Gotteserkenntnis hat.

61.

Was ist Blindheit?
- Wenn sich der Geist sichtbar offenbart
und die Menschen es nicht erkennen.

62.

Was ist Weisheit?
- das offene Buch in der Natur.

63.

Was sind Irrlichter?
- Beim inneren Menschen die falschen Gedanken,
wenn er sich einbildet,
dass es dieses oder jenes sei,
und ist es nicht, - nach außen,
wenn wir Böses von unserem Nächsten denken
und kennen ihn doch nicht.
Irrlichter sind auch diejenigen,
welche sich als Lehrer ausgeben,
die selber aber nichts aus Gott haben,

sondern aus Büchern
und ihrem äußeren Verstande.

64.

Wenn wir im Gebet
aus unserem Gefühlstriebe
den Schöpfer lobpreisen und ihm danken,
so tun wir es nicht in unserer
[, sondern] in seiner Sprache,
wo [?] die Gewährung der Bitte liegt.

65.

Was ist Meineid gegen Gott?
- Wenn wir im Herzen ihm versprechen,
nicht mehr Böses zu tun,
tun es aber doch wieder.
Auch wenn wir einen Beruf haben vom Geiste,
wo[zu] wir das Gute gerne nehmen,
aber zurückschrecken vor dem Opfer,
das wir bringen sollen,
ganz besonders im Gehorsam.

66.

Erlöser ist der Mensch sich selbst
durch die Tatkraft in der Selbstliebe
im höheren Sinn.

67.

Der Same ist im Haupt,
die Wurzel sind die Füße,
und im Herzen als im Mittelpunkte ist die reife
Frucht.

68.

Wie liebt Gott den Menschen?
- Zu diesem bedarf er [der Mensch] die Füße

gerade wie in der äussern Natur {10}
die Wurzel tief in der Erde steht und alle Kräfte:
Sonne, Mond, Gestirne, Planeten, Regen und Luft
– aufnimmt, als Behälter, welcher [; wie dies] die
Wurzel in der Erde an sich zieht,
so ist es auch beim Menschen;
alle Triebkräfte müssen nach unten gehen,
um geläutert vom Geist wieder empor zu gehen
durch die Liebe Gottes.

69.

Den Gedanken Gottes sehen wir mit den Augen
durch die Formen.

70.

Der Sitz des Gedankens im Menschen
hat drei Stufenreihen:
- Erstens im Gefühl bei einem solchen,
der auf Geisteswegen geht;
- Zweitens im Herzen durch das Wort,
wo er zeugend ist, dh.
wenn der Mensch weiter vorwärts geschritten ist.
Es wird ihm durch den Gedanken
ein vollkommenes Wort gegeben,
also ist auf der zweiten Stufe
der Sitz des Gedankens in dem Worte.
- Drittens hat der Gedanke
seinen Sitz in der Handlung,
d.h. ein vollkommener Mensch vollführt alles mit
seinen Gliedern, was er denkt.
Hier auf der dritten Stufe
ist der Gedanke sichtbar;
auf der zweiten Stufe ist er hörbar,
und auf der ersten Stufe fühlbar.

71.

Wie soll man an Gott glauben?
- In der Hoffnung, dass man das bekommt
und erringt, was man glaubt.

72.

Wie soll der Mensch sich selbst lieben?
- durch Beharrlichkeit.

73.

Welche Mittel oder Grundlage haben wir
zum Glauben an Gott?

- erstens:
die geoffenbarte Schöpfung, die wir sehen
und die uns zum Denken führen soll;
- zweitens:
die heilige Schrift oder
das offenbarliche Wort Jesu,
das wir hören sollen, und in uns aufnehmen,
d.h. lebendig machen;
- drittens
der Mensch muss an sich selbst glauben lernen.
Das ist das Schwerste,
weil wir vom Sichtbaren auf das Unsichtbare
schließen müssen.
Nur ein treuer Schüler der Weisheit Gottes
kann es vollbringen.

74.

Was ist der Glaube?
- Eine große Wirkungskraft.
Doch die Kraft, die vom Menschen ausströmt,
ist Handlungskraft,
d.h. wenn der Nebenmensch Glauben hat,

geht die Kraft wirkend auf ihn ein
und bringt eine offenbarliche Geburt hervor,
nämlich, dass ihm geholfen ist.
Bei einem Ungläubigen geht sie aber wieder auf
Ersteren zurück und kann nicht helfen.

75.

Wie soll man sich selbst lieben?
- durch einen schaffenden Glauben.   {11}
Wie soll man das machen?
- Man soll selbst sich die Hände auflegen
und alle materiellen Schmerzen austilgen,
denn sie hemmen den göttlichen Geist.
Darum haben Mut!
Lernt die Kraft fühlen, die Großeste,
die in euch gelegt ist und in jeden Menschen.
Es ist Gottes Liebesgabe,
die ihr nur aufnehmen dürft,
so ihr den Willen und den Glauben [anzunehmen
braucht?] habt.
- Der Ewige spricht:
Ich will nicht,
dass ihr materielle Schmerzen erduldet.
Macht meine Liebe als Balsam
und bestreichet eure Wunden.
Denn wer sich selbst liebet,
heiliget seinen Körper und seine Glieder
durch seine Macht und meine Kraft.

76.

Als was muss man den Glauben ansehen?
- Als ein geistiges Leben.
Geistigen Tod in uns macht er lebendig;
und im Materiellen Lebendiges tot.

77.

Alle Gottesgaben nehmen wir sinnlich wahr
im Haupte;
Eines jedoch können wir nicht sinnlich
wahrnehmen:
die Herrschaft über den ganzen Körper,
die Macht und Gewalt,
welche wir im Haupte haben.

Das Blut muss allerdings den Körper
neu gebären,
aber dieser Sprosse wäre leblos
und dem Sturme preisgegeben,
nur durch die Herrschaft des Gedankens
muss er immer wieder
zu Neuem umgewandelt werden.

[Über das Händeauflegen:][17]

78.

Dieses ist eine Form, um den Glauben zu stärken;
denn die gleiche Kraft,
die von den Fingerspitzen ausgeht,
ist in allen Körperteilen, lebendig ausströmend,
so wir den Willen im Worte aussprechen.

79.

Selig sind die Menschen auf Erden,
die ihren Geist mit Gottes Geist vereinigen.

80.

Wie verbindet sich Seele mit Seele
auf die Entfernung?
- Dieses geschieht durch Luft, Wasser und Schall.
Die Luft ist die Kraft der Verbindung zweier
Seelen,
das Wasser eine geschwängerte, verdickte Luft,
aus der geht die Form des Menschen hervor;
mit dem wir Verkehr haben wollen,
dass wir ihn erkennen.
Der Schall ist das Leben vom Ganzen,
nämlich das Wort, welches er zu uns sendet.

81.

Was sind geheime Kräfte der Natur?
- Eine unsichtbare Wirkungskraft.
Wie erkennen wir sie?
- Aus Offenbarungen in und außer uns.
Wo nehmen wir sie her?
- Sie sind von Geburt aus in uns gelangt, aber

---

17 Diese Überschrift wurde von Hübbe-Schleiden eingefügt

leblos; wir müssen es [sie?] beleben. {12}
Wie sollen wir sie mit Namen heißen?
- Glaube und Wille sind zwei;
das dritte ist die Offenbarung.
Glaubet, so viel ihr vermöget.
Und vergesset ja den Willen nicht.
Meine Kraft liegt in euch;
wo ihr Leben fühlet, ist meine Kraft.

[**Aus dem Geisterreich**:]

82.

Ich hörte eine sanfte Musik.
Eine Stimme sprach:
„Ihr könnt noch nicht beten?"
Ich sank auf die Knie nieder, sprach keine Worte;
es waren nur heilige Gefühle, die mich erfüllten.
Nun erkannte ich,
dass ich von der Erde erhoben wurde in höhere
Spären.
- Ohne dies zu verstehen!

83.

Sieht auch ein Ei dem andern gleich?
- Ich sage:
Nein, das Eine ist groß, das andere klein.

84.

Ich bin, der ich bin;
werde meinen Geist auch senden.
Frohlocket immerhin;
doch wisst ihr, wer ich bin?
- Der Geist der Wahrheit.

85.

Mein Wille ist so stark,
mein Wort, es ist so mächtig.
Sie müssen sich vereinen gleich Feuer,
Öl und Wasser.

86.

Die Turteltauben schwingen sich
Paar und Paar empor
(das Zeugende und das Gebärende).

87.

Wir haben Gott als Kraft in uns erkannt;
doch dieselbe ist nicht Gott,
sondern ein Ausfluss von ihm und ist uns
untertan,
je nach unserem Willen, gut oder bös.

88.

Warum können die Menschen
das Geistige nicht fassen?
- Weil sie keine Wahrheit mehr in sich haben.

89.

Meine Seele ist der Weg zum Herrn.
Ich bin Erde,
meine Gefühle sind treibende Kräfte.
Luft und Wasser tun mich laben.

90.

Mein Gedanke mit seinen Gedanken,
mein Wort mit seinem Wort,
labet meine Seele mit seiner Seele;
und wo ist der Eingang? - Ich habe ihn gefunden.

91.

„Ja du hast ihn gefunden,
denn dich habe ich erwählet.
Millionen von Runden
gingen schon in diesen Runden
und haben das Eck nicht gefunden. -
Adlersflügel heiß ich dich!
Auf hohe Berge hast du dich geschwungen.
Siehe vor dir die Meeresbreiten.
Ich rate dir,
halte dich noch fern von ihr [der Welt?].
Monde strahlen glühend hin und her.
Feuer sind so stark.
Spannung ist in meinen Armen.
Leben ist in dir.
Oh du arme Erdenkreatur fühle du mit mir.

In den Tönen die ihr hört,
ist es nicht mein Liebesruf?
Gedenket meiner,
ich bin an eurer Seite und labe euch
durch meine Kraft.   {13}

92.

Tulpen sprengen sich von selbst.
Das Eisen lässt sich härten.
Das Ei, es ist so weich.
Was sind doch unsere Herzen.

93.

Denket, selbst Edelsteine kann das Feuer nicht
verzehren; und warum?
Weil sie lebendig sind.
Auch unsere Herzen müssen es werden.

94.

Das Böse hat kein Ich.
Darum ist es und ist auch nicht.
Auch kann es nicht schaffen;
auf Wirkung ist es beschränkt.

95.

Ein sternenheller Himmel, der mir wohl gefällt
und Fluda[18] Göttin schwimmen [schwimmt?],
weil sie sich auf dem Wasser hält.
In Liebe groß, im Fleische klein,
So müsst ihr sein.
Haltet das Eine rein,
und seid immer fein.
In den höchsten Höhen liegt der Keim;
in den tiefsten Tiefen
ist die Blüte und im Mittelpunkt die süße Frucht.
Darum seid mit euch selbst recht fein und rein.

96.

Im Licht sind wir geboren;
in ihm suche ich meine Pflicht.
Das Licht hat mich erkoren,
dass ich mit ihm ewig bin.

97.

In dem tiefen Dunkel
leuchtet auf ein heller Stern,
Und sein [seinen?] Lebensfunken
bewegen [bewegt?] meine Hände oft so gern.

98.

In der höchsten Höhe ist auch ein dunkler Punkt;
in diesem badet sich meine Seele,

---

18 Unklare Stelle: *Fluda götin*

dass sie wird bald gesund.

99.

Lebendig sind eure Glieder;
tot ist noch das Bein.
Wie finde ich meine Heimat wieder
im lieben teuren Geisterreich!

100.

Wenn mein Mark zerfließet und
weich geworden ist dein Bein,
dann findest du mich wieder,
und was mein ist, ist auch dein.

101.

Oft zittern meine Glieder
in Angst und Bangigkeit;
dann ruft es in mir wieder das Wörtlein:
„Unsicherheit schwächet deine Glieder".
Dann stehe ich fest auf den großen Stein.
Auf ihm steht geschrieben:
„Ich, Jesje [Jesse?], bin mit dem Licht vereint!"

102.

In den Lüften sind sie zu Hause,
mit denen wir nicht sind.
Auf Erden sind sie Schatten
und wissen nicht, dass sie es sind.
Aufhalten wollen sie die lieben Sonnenstrahlen
von Osten,
denn sie wissen es wohl,
und wissen es nicht,
dass es für sie sind giftige Pfeile,
an denen sie zu Grunde gehen.

103.

So du dich mir willst nahen im Geist
und in der Wahrheit,
darfst du keine Gedanken haben,
auch kein Wort bereit;
nur fühlen allein.   {14}

104.

Den Geistesäther sollt ihr atmen,
nicht rohe Hierlüfte.

105.

Ich rufe dir zu: Im Trost soll man leben,
im Mut erstirbt man nicht!
Zu höhern Gefühle müsst ihr lernen
aufzuschwingen,
um zu erreichen dass ersehnte Ziel.

106.

Wie muss man das beginnen?
- Im Stillhalten seines Selbst.

107.

Der Ewige spricht:
„So ich zu euch rede,
bedarf ich eurer Gedanken nicht.
Ihr sollt nur mein Wort erfüllen,
dann tut ihr eure Pflicht.
- Doch so ihr zu mir reden wollt,
müsst ihr fest denken, was ihr sprecht;
dann werde ich euch die Bitte gewähren,
weil ich die Liebe bin.

108.

Rosen und Vergissmeinnicht
streue ich euch auf die Bahn,

doch Disteln, Dornen habt ihr selbst gesäet,
sonst wäret ihr mir worden untertan.

109.

Was will ich von eurem Knechte sagen.
Er gibt auch viel geläutertes Gold.
Doch Alle können es noch nicht ertragen;
darum steht er noch in eurem Sold.
Habt doch mit ihm Erbarmen,
denn auch er will,
wie ihr in meiner Sonne sich erwarmen.

110.

Du Erster, den ich erwecket habe,
bist in deiner Pflicht.
Darum sollst du Elohim heißen,
weil ich ewig bin in deinem Namen.

111.

Auch du Gnadenspenderin bist eine treue Seele.
Darum bleibe mit deinem Knecht vereint;
denn er wird dich führen auf seine lichten Höhen,
wo sein Geist ist mit dem deinen vereint;
und ihr werdet miteinander wandeln
in die höchsten Sphären,
wo drei mit zwei auf ewig sind vereint!

112.

Die Verklärung auf dem Berge
ist das Liebesfeuer gegen den Nebenmenschen,
welcher Alles überwindet,
und [in dem] wir aus Liebe
Alles zum Opfer bringen,
selbst unser Leben,
wenn es sein müsste,
und diese Überwindung führt uns

zum Verkehr mit seligen Geistern.

113.

Welche Schatten verdunkeln am ärgsten
unser Auge?
- Die Undankbarkeit.

114.

Wie soll der Mensch sein Blut überwinden?
- Durch den Glauben an Gottes Wort
welches er offenbart durch seiner Knechte Mund.
Dieses Wort müssen wir glauben,
wenn es auch nicht
nach unserm Sinn in Erfüllung geht.

Gebt Gott die Ehre,
sein Wille geschehe in Allem!

115.

Stürmend heben sich die Wolken,
groß und klein;
mächtig erheben sich die kleinsten Fischlein,
doch der Strom wird sie teilen in der Mitte
entzwei.   {15}

116.

Lebendig sein ist eine Kraft,
der Wille hat sie hervorgebracht,
weil der Wille selbst ist diese Kraft.

117.

Was ist's, das du gesehen,
das dich berührt mit zarter Hand?
Auch seine Stimme ließ es dich hören und sprach:
„Ich schmachte im dunklen Schattenland;
doch du hast mich erkannt

und wirst mich heben in des Lichtes Glanz.

118.

Die Füße sind die Wurzeln,
im Haupte der Same
und im Mittelpunkt die reife Frucht im Herzen.
Was ist dies für eine reife Frucht?
Die Stimme, die wir in uns hören.

119.

Warum können wir den Vater nicht sehen?
- Weil wir keine Kinder Gottes sind,
sondern Kinder der Welt.

120.

Die Zahl Eins ist das Wort,
die Zahl zwei das Leben.
- Warum die Zahl zwei das Leben?
Weil ohne Körperform das Wort Gottes tot wäre.

121.

Das Blut ist die Bewegung;
und der Wille soll sein der Herr.
Wer die Bewegung nicht kann hemmen,
der hat keinen Geisteswillen.

122.

Was ist der Wille?
- Die Offenbarung von Gedanke und Wort.
(Er ist ein unsichtbarer Geist,
solange er nicht geweckt wird).
Wie wird dieser Geist wach?
- Durch unsere Leidenschaften zum Guten oder
Bösen.

123.

Der äußere Mensch
soll die Grundlage des inneren werden,
das heißt:
wir müssen das
von außen empfangene Gotteswort
in uns aufnehmen und fest glauben,
denn dieser Glaube
ist das Fundament des inneren Menschen,
aus [in?] welchem das Äußere hinein
und das Innere heraus kommt.

124.

Alle Formen des Himmels und der Erde werden
vergehen;
aber das Wort kann nicht vergehen,
weil es die Vollkommenheit ist.-
In Demut sollen wir
aus den Formen Worte ziehen;
denn die Form ist's, die uns lehrt.

125.

Wir sollen keusch sein in der Gottesfurcht.
Wie wollen wir Gott fürchten?
- Dadurch, dass wir tun, was er will;
dann haben wir Weisheit.

126.

In den Händen liegt die Handlung,
und in den Armen die Kraft des Geisteswillens.

127.

Was ist der Schatten des Lichtes?
- Die Formen, die wir sehen.
Wenn wir kein Licht in uns haben,
so leben wir in der Finsternis,

und dies ist der Tod.

128.

Das Blut muss den Gedanken beleben.
Mit dem Licht müsst ihr ein Feuer anzünden;
und dieses ist die Leidenschaft.
Diese muss eine Kette bilden;   {16}
und diese Kette führt wiederum zum Licht.

129.

Auf den höchsten Spitzen ist ein Nebel,
den wir durchbrechen müssen.
Wie kann dies geschehen?
- durch die Hoffnung.
Stürme und Kämpfe stärken den Glauben;
ein Wort der Wahrheit macht gesund
deine kranke Seele.

130.

In der Offenbarung habt ihr eine Stütze auf dem
Wege der Wiedergeburt seiner [eurer] Selbst.

131.

Was ist das Dritte zu Glauben und Liebe?
- die Hoffnung;
und diese vereinigt sich mit der Erkenntnis.
Aus dieser kommt ein sichtbares Licht hervor.

132.

Wie kann der Gedanke im Herzen
als Licht leuchten?
- durch das Wort.

133.

Wann haben wir Öl in der Lampe?
Wenn wir aus Liebe zu Gott uns
zum Opfer bringen können.

134.

Mit welcher Sichel werden wir
die reife Frucht schneiden?
- Mit dem uns gegebenen Geistesnamen;
und die Frucht ist der Glaube.

135.

Und was ist die Kraft des Glaubens?
Die Verheißung.   *[S.36 Mitte]*

136.

Wie könnt ihr im Ernst zu mir reden? -
Im Bedürfnis.

137.

Wille und Kraft ist der Gedankengeist.
Die zwei stehen einander gegenüber
und harren der Vereinigung.
Was ist der Gedanke?
- der Schöpfer in der Naturwelt;
der Körper ist das Zeugnis dieses Schöpfers
und der Kraftgeist von Obigen sind die Gefühle.
Die Erkenntnis von allem ist in der Bewegung
durch das Wachstum,
oder Vorwärtsschreiten.

138.

Die Füße des Menschen müssen dem Erze gleich
sein. Die Knie müssen stählerne Gelenke haben.
Der Bauch muss gleich einem wilden Feuer sein.
Die Herzgrube soll eine leuchtende Sonne sein,
die Hüfte goldene Gefäße,
wo [in die] ich einschenke meinen Wein
(Leidenschaft, Leben, Liebe, Glaube und Tugend).

139.

Was sind die Rosen,
die im Menschenherzen blühen?
- die Weisheit.

140.

Was ist das Haupt,
in welchem Samen ist?
- Erkenntnis.

141.

Welche Feuer strömen aus dem Herzen?
- Gefühlesfeuer;
und sie offenbaren sich durch das Wort.   {17}

142.

Um sich selbst zu helfen,
muss man vor allem auf den Füßen stehen,
und den festen Glauben haben,
dass Gottes Kraft in uns wirkend ist,
und dass wir uns durch dieselbe helfen können.
Der Glaube ist der Gradmesser; ist er groß,
so können wir ein großes Übel besiegen;
ist er klein, so können wir nur für Kleines helfen.
Was man zu glauben vermag,
muss ein jeder Mensch selbst am besten wissen.
Um aber seinem Nächsten zu helfen,
müssen wir von der Liebe durchdrungen sein;
aber von einer göttlichen.
Nicht nach dem Fleische,
sondern nach dem Geiste,
der nur Gutes hervorbringt.
Auch soll er nicht um Gewinn
und Habsucht willen,
sondern aus Mitleid und Erbarmen getan werden.

143.

Was ist aber der Geist des Menschen?
- Eine aus 3 Stoffen zusammengesetzte Wesenheit:
1. übernatürlich,
2. natürlich und
3. widernatürlich.

144.

Was ist Stoff?
- Alle Lebenselemente die wir anziehen.
Übernatürlich ist,
was die Materialisten nicht begreifen können,
weil es göttlich ist.
Natürlich ist,
was man besitzt und erkennt.
Widernatürlich ist,
wenn man das ableugnet, was man hat,
weil man es nicht erkennt.

145.

Des Geistes Grundlage oder Anfang
muss der unsichtbare Gott sein.
Welche Elemente bedarf der Geist
zu seiner Entwicklung?
Worte zur Zeugung.
Formen zur Wegleitung.
Zahlen zum Aufbauen.

146.

Wie soll man den Geist erklären?
- durch Gesichte in sich selbst.
Man muss den Geist sehen im eigenen Lichte.
Was ist des Geistes höchste Wonne?
- Wenn wir recht fröhlich sind im Herzen.

Was ist das All des Geistes?
- die Zahl drei.
Was ist das Fluidum des Geistes?
- Plötzliche Eingebung von Gott.
Was ist der Schatten des Geistes? -
- Kummer, Sorgen und Schmerz.

147.

Der Mensch
ist geistig zeugend und gebärend in sich selbst.
Gott und Geist sind verbunden mit dem Körper
des Menschen.

148.

Was ist der Geist ohne Körper? -
Ein Leben.   {18}
Was ist des Geistes Tugend?
- dass er ein Licht ist, das Alles belebt, wo er hin
dringt.
Was ist des Geistes erstes Gebot? -
Einen sich ebenbürtigen Leib anziehen[19].
Was ist des Geistes Lichtstern? -
die Seele.
Was ist des Geistes Leben?
- das Auge.
Wann ist der Seit für uns sicher, ohne Täuschung?
Wenn wir ihn an uns und unserm Körper
wahrnehmen.
Was ist die Schwerkraft des Geistes?
- der Körper. -
Warum?
- Weil die Leidenschaft des Körpers Herr über
Geist und Seele ist.

---

19 Paulus, Brief an die Römer, Kapitel 1, Verse 18-32.

In den meisten Fällen müssen sie unterliegen.
Wie kommt es dass der Geist nicht immer
unterliegt?
- Weil er der innern Stimme folgt,
die zum Guten ermahnt.

149.

Was ist die Schwerkraft der Seele?
- die materiellen Sinne.

Das **erste** Gesetz des Menschen
ist die Offenbarung, welche er haben muss.
Das **zweite** Gesetz:
der Mensch soll seine Seele hinversetzen können,
wo er will.
Drittes Gesetz:
Der Mensch soll
mit den guten Geistern verkehren und sprechen
können.
Viertes Gesetz: Der Mensch muss fähig werden
das zu tun, was er tun muss,
wenn es auch ganz wider seine Natur ist.

150.

Welches Feuer brennt dem Menschen unter den
Füßen?
- das Glaubensfeuer,
denn es ist ein schmerzhaftes Kreuz.
Welches Feuer belebt
des Menschen Knie von außen?
- die Wahrheit. -
Warum?
Weil nur durch diese
der Mensch fest stehen kann.

Welches Feuer belebt
das Menschenherz von außen?
- die Leidenschaften.
Welches Feuer belebt
des Menschen Haupt von außen?
- Licht, dh. alles, was wir sehen.

151.

Welch ein Kreis bildet denn der Mensch?
- Einen Lichtkreis, um seines Gedankens willen.
Wie weit dehnt sich dieser aus?
Über alles Sichtbare und Unsichtbare in der
Schöpfung.
Wie kann der Mensch das Unsichtbare
in seinem Kreise erkennen? -
Durch innere Gesichte.   {19}

152.

Wie kann der Geistesname
Bezug haben auf die Seele? -
Durch die Feuertaufe.
Die Seele ist das Leben,
und im Geistesnamen ist die Kraft
dasselbe zu bewegen.
Wie muss diese Bewegung sein?
- durch den Gedankengeist.

153.

Welcher Geist geht aus und ein beim Menschen?
- der Gedankengeist.
Diesen müssen wir befestigen lernen,
denn er kann nicht nur außer uns,
sondern nur in uns eine Geburt hervorbringen.

154.

Und wenn sich die Wundmale eröffnen,
welch ein Geist wird durch diese in uns kommen?
- Ein Kraftgeist,
dem nichts Materielles widerstehen kann.

155.

Warum ist der Mensch zum Kreuz gebildet?
Weil jeder Mensch zum Glauben
und Gott zu erkennen
in diese Welt kommt;
und durch die Kräfte lernt man Gott lieben
in der Wahrheit,
und schreckt vor den Geburtsschmerzen nicht
zurück.

156.

Treue und Ehrbarkeit, was sind das für Geister?
- Treue ist die Kraft der Liebe
und hebet dieselbe auf die höchste Stufe;
Ehrbarkeit ist die Kraft des Glaubens
und macht wahrhaftig.

157.

Welches ist das geheimste Tor des Menschen?
- Seine Körperfülle;
in diese soll der Herr einziehen.
Weil [solange] aber niemand Knecht sein will,
kann es nicht sein.

158.

Was ist Jesus in uns?
- die Strahlen, die das Licht von sich gibt.
Im Innern wirkt Jesus als Form
und die Seele als Wort zu unserer Führung.

Nur aus dem Wort der Seele kann Christus
hervorgehen.

159.

Und wann der Sohn Gottes angezogen ist,
was ist dann die Seele im inneren Menschen?
- Ein immerwährendes Hellsehen
von Ewigkeit zu Ewigkeit.
- Warum?   {20}
- Weil das Hellsehen im Worte liegt.

160.

Was ist denn der Vater in uns?
- Ein Wort, das aus unserm Gefühl spricht.
Aus welchem Gefühl?
- Aus dem Glaubensgefühl -

Und wo führt dieses hin?
- Zur Wahrheit! -

Und wo führt diese hin? -
Zum Glauben in der Überzeugung.

161.

Wenn wir in den Lüften leben, was sollen wir da
tun?
- Schweigen.

Warum?
- Weil die große Natur in tausend Wundern
zu uns spricht,
und das soll dem Beobachter zur Nahrung sein.
Und wo führt diese Nahrung hin?
[Wozu dient sie?]
- Zur Stärkung des Gedankengeistes.

162.

In mir vereint sich alles,
wisst ihr, wer ich bin?
- das Wort, das ihr in euch seht als Form.

163.

Was ist Prinzip nach dem Geiste?
- Ein unsichtbares Sein.

Was ist Tugend nah dem Geiste?
-Leiden.

Was ist All nach dem Geiste?
- Ein Körper in sich selbst.

Was ist Oben nach dem Geiste?
- das Lebenswort.

Was ist das Tun nach dem Geiste?
- Eine Torheit vor der Welt.

Was ist Unten nach dem Geiste?
- das Leben.

Was ist die Macht nach dem Geiste?
- Gehorsam.

Was ist die Tugend nach dem Geiste?
- Leiden.

164.

Was ist das Bindemittel zwischen Leben und Traum?
- der Gedanke.

Was ist der Traum?
- Eine Fortsetzung des täglichen Lebens.

Wie soll man den Traum verstehen?
- Nach dem Gefühl, das er hervorbringt.

165.

Wer ist der Weisheit Vater?
- Der, der sie anzieht.

Wer ist der Tugend Sohn?
- Der, der sie übt.

Wer ist ein Kind im Gottvertrauen?
Der, der wahrhaft demütig ist.

Wer ist eine Tochter der Liebe?
- Wer keusch ist in seinem Lebenswandel.

Wer ist ein Held des Glaubens?
Der, der sich in Gottes Willen fügt.

166.

Welch ein Stern zerteilt die Wolken in unserem Haupt?
- der Frieden in uns selbst.

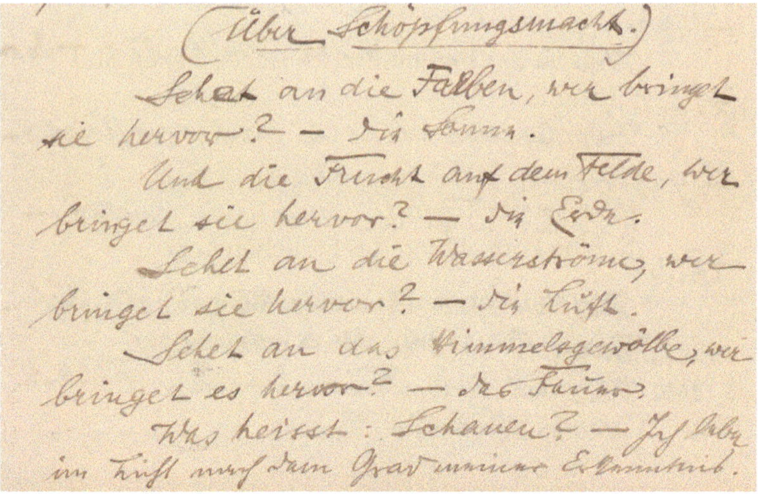

Abbildung 3: „Über Schöpfungsmacht"

[Über Schöpfungsmacht]

167.

Sehet an die Farben, wer bringet sie hervor?
- die Sonne.

Und die Frucht auf dem Felde,
wer bringet sie hervor?
- die Erde.

Sehet an die Wasserströme,
wer bringet sie hervor?
- die Luft.

Sehet an das Himmelsgewölbe,
wer bringet es hervor?
- das Feuer.

168.

Was heißt: Schauen?
- Ich lebe im Licht nach dem Grad meiner
Erkenntnis.

169.

Was heißt Mir und Dir?   {21}
- Wenn die Seele vom Körper getrennt wird durch
den Tod.

170.

Kuss das heißt:
Ich besiegle meine Worte,
dass die ewig Wahrheit sind.

171.

Wo der Mensch denkt,
da ist auch die Seele. -
Warum?
- Weil die Seele die Form des Gedankens ist.
Die Seele vollbringt die Tätigkeit der Sinne
und stellt uns die Sinne in Bildern dar
in der Wahrheit,
seien sie verkehrt oder nicht;
sie ist ein gewissenhafter Richter
und doch unsere Dienerin;
sie ist der Spiegel des Menschen,
wodurch man seine Gedanken sieht
und der das Sinnliche verkörpert
in uns abspiegelt.

172.

Was ist die Seele?
- die erste Offenbarung der Gottheit,
weil sie ein Ausfluss der Gottheit ist.
Wie kann man die Seele erkennen?

- An den menschlichen Sinnen
nach Außen und nach Innen an den Begierden;
nach Oben an ihrem Wort
und nach Unten an ihrer Tat, die sie vollführt.

Was ist hüben und drüben?
der Seele Willen.

Was hat die Seele für Wirkungen?
- Göttliche.

Was hat sie für eine Kraft?
- Eine natürliche im Menschen,
denn der Körper muss ihre Grundlage sein.

173.

Was hat die Seele für Eigenschaften?
1. dass sie unsterblich ist;
2. dass sie sich außer unserm Körper versetzen
kann;
3. dass sie Gestalt annehmen kann.

174.

Wie kann sich der Geist mit der Seele verbinden?
- Mit dem Körper [in?]
Derselbe ist die Kraft der Seele;
ohne diese hat die Seele
kein offenbarliches Leben.

175.

Wie soll man sich der Seele nahen?
- Im Geiste.
In welchem?
- Im Lichtgeist;
Ohne diesen bleibt die Seele für uns Finsternis.

176.

Was ist die Sprache der Seele?
- Der Gedanke.
Das Kleid der Seele ist das Licht.
Die Füße der Seele sind die Wahrheit.
Ihre Knie sind die Tugend;
ihre Hüften sind die Weisheit,
ihre Lenden sind die Sanftmut,
und ihr Herz ist lauter Liebe.
Ihre Hände ist [sind] der Glaube,
und ihr Haupt ist der Gedanke Gottes.

177.

Wie kann sich die Seele
aus dem Körper versetzen?
- Auf den Schwingen des Gedankens.
Das Auge der Seele ist der Mensch selbst,
weil sie sich offenbart im Gefühl,
in Träumen und in Formen. {22}

178.

In welchem Kreis bewegt sich die Seele?
Nur in Lichtkreisen.

179.

Was ist die Zierde der Seele?
Weisheit.

180.

Was sind die Sinne der Seele?
- Zuerst die Laute,
der Gesang und schöne Töne;
nach diesen: das Lebenswort hören.

181.

Was ist das Feuer der Seele?
- das Blut.
- Warum?
Weil es die materielle Bewegung ist,
also der Seele Nahrung.

182.

Was ist der Stachel der Seele, dh. ihre Spitzen,
durch welche sie sich selbst verwunden kann?
- das Fleischliche.

183.

Wie kann man zuerst in den Seelenkreis dringen?
- durch das Gehör.
Wie muss die innere Natur auf die Seele wirken?
- durch die Geistesnahrung.
Der Mensch muss den materiellen Gedanken
von sich streifen lernen,
um ganz mit der Seele Eins zu werden.
Dies kann nur im höheren Gefühl geschehen;
es soll nicht unser Gedanke,
sondern nur Licht und Seele sein.

184.

Was ist der Glanz der Seele?
- Der Gesang, den wir in uns hören.
Sie singt dem ewigen Vater Loblieder -
Glückselig die, welche es hören!
Die Töne sind Seufzer der Seele;
doch der Klang das sind Worte,
die wir mit mitfühlen lernen. {23}

185.

Was ist das Wort der Seele?
- Unser Herz, durch die Gefühle,
welche in ihm walten.

186.

Was ist der Seele Mund?
- das Auge.

187. Die Seele hat auch Tugend, und zwar:
1. dass sie das Gepräge des Vaters von sich gibt;
2. dass sie unendlich ist;
3. dass sie gehorsam ist in Allem.

188.

Was ist die Pein der Seele?
- dass wir keine Liebe zu ihr haben,
indem [während] sie aus Liebe
alles mit sich tun lässt.

189.

Wie gibt die Seele ihre Liebe kund?
- durch Offenbarung.

190.

Was sind die Strahlen der Seele?
- die Formen,
welche sich an unserem Körper zeigen.

191.

Die Seele hat auch Flügel,
mit denen sie in die Höhe fliegt [steigt]
und die Tiefe.
Das ist [die sind] unser Gefühl.

Wie hebt sich die Seele aus den Wolken?
Durch unsern Körper selbst.

192.

Wie steht sie auf das [dem] Licht? -
durch die geöffneten Wundmale.
Die Seele ist gleich einem Schmetterlinge;
aber die Flügel sind ihr noch gebunden.
Dieses Band ist das selbstgemachte Kreuz;
das uns nur zu oft niederdrücken will
dadurch auch die Seele.
Die Seele ist der Wohlgeruch des Herrn,
weil sie seinen Willen vollführt;
so der Mensch seinen Eigenwillen unterdrückt,
ist sie frei.

193.

Die Seele hat einen hohen
und einen niederen Flug;
doch in dem Mittelpunkt ist ihre Ruhe,
dh. in einem neugeborenen Menschenherzen.

194.

Denke ich meine Seele auf einem hohen Berg,
so sind es die Gesangstöne, die sie hinauf heben;
und denke ich sie in die Tiefe,
so ist es der Schmerzenschrei,
der aus meinem Busen quillt.
Die Seele ist im Menschen,
dass sie offenbar werde
und uns durch das Leben führe -
auf dieser Bußstätte.
Doch um des Unglaubens willen
wissen Viele nicht,
dass sie eine Seele haben.

195.

Die Wahrheit ist das goldene Seil,
mit welchem wir die Seele aus der Tiefe ziehen.
- Eine Leuchte habe Ich in {ihr} auch gesetzt;
sie muss offenbar werden
zwischen Mir und euch.
Auch auf dem hohen Berge steht ein Kreuz,
denn wenn der Glaube aufs Höchste gestiegen,
muss der Leib ins Grab sinken,
dh. die Leidenschaften.
Die Seele kann nur auf den Füßen gehen
durch das Wort,
und uns sichtbar [werden] durch die Tugend,
und uns fühlbar durch die Übung,
und hörbar durch göttliche Gedanken,
und auf den Nächsten wirkend
durch die Kraft der Wahrheit,
welche offenbar werden muss in der Nähe
und der Ferne.

196.

Sehen, hören, fühlen und handeln,
das sind Kräfte der Seele:
doch was ist ihre Sprache ohne unsern Willen? -
das Licht der Gottheit.
- Der schwerste Druck auf der Seele
ist die sinnliche Fleischeslust;
der Pfad der Seele ist Seligkeit.

[Kräfte der Natur]

197.

Der Vogel hat zu seinem Schwunge die Luft,
der Schwan das Wasser, die Schlange den Bauch,
der Mensch die Arbeit auf der Erde.
Die Tiere haben Löcher in der Erde
zu Schutz und Sicherheit;
doch die Menschen wühlen tief in der Erde
zu ihrem eigenen Verderben.
Das Tier, hat es nicht einen freien Willen
im Naturprinzip,
 und ihr armen Menschenkinder,
ihr habt über [für] euch selbst keinen Willen
[Herrschaft].

So höret, was der Wurm zu euch spricht:
Aus dieser Öffnung bin ich heraus gekommen,
weil ich will;
kriechet auch ihr in dieses Loch hinein mit eurem
Willen, so ihr's könnet.
Und doch sollt ihr die Herren der Welt sein?
Gnade Gottes ist das Licht,   {24}
welches das große All belebt,
und im Menschen die Seele,
die Alles erhält.[20]

---

20 Diese Abschnitt wurde von Hübbe-Schleiden seitlich angestrichen.
Wie Worte „Gnade Gottes ist" und ...„Menschen die Seele, die Alles
erhält" wurden unterstrichen.

198.

Die Andacht der Seele ist, dass sie das Tote zum
Leben ruft im Menschen.
Das Gebet der Seele ist, das Tote zu erwecken,
Übel zu besiegen durch die Kraft des Wortes.

199.

Was ist der Seele höchste Stufe?
Der Glaube;
nur durch diesen kann sie wirken in uns.

200.

Die Seele ist auch einem Vogel zu vergleichen,
denn sie nimmt die Nahrung vom Gedanken
und bringt sie in das Fleisch
Die Seele ist auch einer Krone zu vergleichen,
weil sie in ihr {sich} selbst
die vollkommene Wahrheit ist.

201.

Welche Seelentiefe erforschet Alles? -
Ihre eigene Offenbarung.

202.

Der Seele Gerechtigkeit ist,
dass sie jedem Menschen Wahrheit ist,
auch denen die sie nicht suchen;
aber Wenige erkennen sie,
weil ihnen die Liebe mangelt.

203.

Was ist der Grund, auf dem die Seele steht? -
die Geistesgaben.

204.

Wenn wir die Seele rufen,
mit welcher Kraft müssen wir [dann] denken? -
Mit dem festen Glauben.

205.

Wann ist die Seele in der schönsten Blüte? -
Wenn sie im Menschen
ihren Wohlgeruch von sich gibt.

206.

Was ist der freien Seele Schatten? -
Lauteres Licht.

207.

Was ist der Seele Bewegung? -
Unser eigenes Wort.

208.

Was der Ton ist, das wissen wir.
Was sind [nun] die Töne, die wir so oft hören? -
Die Sprache der Geister,
die in uns frei geworden sind.
Wie können wir diese verstehen?
Im Lauschen heiliger Andacht belehren sie uns.
Mit unserer Liebe wirken wir auf das Innere;
und frei von unserm Willen
wirket dieser Geist auf unsern Körper.

209.

Die Gleichheit finden wir in der sichtbaren Natur.
Die Erde kann auch nicht Sonne
und Regen fordern.
Licht, du heiliges Licht,
hast unsern Körper durchdrungen!
- Inneres Leben, du bist licht geworden!

- Von außen empfange ich dich,
weil du offenbar geworden bist;
denn ein Jeder von uns gibt Zeugnis von dir. -[21]

{25}

210. O großer Gott!
dass dein Licht Leben ist, das wir in uns fühlen:
Preis und Dank sei dir!
Ewiger Vater,
deine Liebe ist so groß wie deine Weisheit.
Niemand vermag sie zu erfahren,
und deine Gnade durchströmt alle Glieder,
die guten und die bösen.
Lade unsere Seele durch deine Gedanken, o Herr;
und ein Geisteswort
wird unsere Offenbarung sein.
Und wenn die Lüfte wehen,
stärken sie die Seele;
sie muss auferstehen als Ebenbild des Ewigen[22].

211. Herr,
ängstige meine Seele, dass sie demütiger werde
und herrsche über mein Fleisch und Blut.

212.
Mein Kind,
wenn du recht klug willst sein,
so liebe deine Seele fein,
und glaube es,
dass du kannst ihr gehorsam sein.
Seele, du bist so schön,
wie ist dein Mund so lieblich,

---

21 Dieser Abschnitt ist von Hübbe-Schleiden seitlich angestrichen.
22 Ebenfalls von Hübbe-Schleiden seitlich angestrichen

ein Wohlgeruch des Herrn.
Herr im Herz,
Bewegung ohne Schmerz.
Liebe gleich flüssigem Erz.

213.

Herr, deine Triebe sind wunderbar!
denn unsere Bäume tragen Frucht
und darin Pflanzen blühen -
Tag und Nacht ohne Ende!

214.

Ich labe meine Seele mit Öl;
dass sie brenne
und ihr Rauch sei Dankopfer dem Herrn.
Gerne möcht ich darbringen mein eignes Blut,
doch meine Feinde hemmen diesen Opfermut.
Darum, Seele,
Seele durchdringe du diese unreine Glut!

215.

Die Seele kann nur der materielle Gedanke
an den Körper fesseln,
und sie muss Sklave desselben sein,
und ihre Offenbarung, das Wort,
kann [dann] nur ein unfertiges sein.
Die Seele des Menschen
ist bei der Geburt das Leben;
Wenn der Mensch den vollen Verstand hat,
ist sie Willensfreiheit;
wenn der Mensch aber [jedoch] den Geist sucht,
ist sie Gedanke,
Wort und Gefühl;
wenn der Mensch aber im Geiste ist,
so ist die Seele der Herr in der Natur.

Bei diesen Verwandlungen der Seele
bleibt der Gedanke immer ein Kind. -
Der Mensch,
welcher nicht die Seele
mit dem Geist verbinden kann,
dem wird die Seele im Tod wieder
als Atem entfliehen.

216.

Alles hat seine Zeit,
doch der Seele Zeit ist Ewigkeit. {26}

217.

Wie setzt man dem Wort Flügel ein,
dass es überall wirkend ist? -
durch die Liebe.

218.

Wie soll man den Gedanken lieben?
Durch das Leben, welches er hervorbringt.

219.

Wie sollen wir unser Gefühl ehren? -
In unschuldigen Freuden.

220.

Wenn die Seele unser Leben ist,
wie sollen wir sie krönen? -
Mit dem guten Willen.

221.

Wie sollen wir auf die Seele hoffen?-
durch die Dankbarkeit.

222.

Wie erkennen wir die Weisheit der Seele?
Durch das Gedankenlicht in uns selbst.

223.

Wie bereiten wir der Seele
die größten Schmerzen? -
Wenn wir ihrer Stimme nicht gehorchen
in Kampf, Zorn, Trübsal und Not.
Darum, meine Lieben,
in der Aufregung beherrschet den Augenblick;
höret die gute Stimme in euch,
es ist die Seele, die euch leitet.
Wenn ihr gehorcht,
kann es euch gut gehen auf Erden.

224.

Was ist der Kampf der Seele? -
Unser materieller Gedankengeist.

225.

Durch was kreuzigen wir die Seele? -
durch die Zweifelsucht.
Durch was martern wir die Seele? -
durch die Lüge.

226.

Welche vier Punkte vereinigen die Seele?
1. die Liebe,
2. die Hoffnung,
3. der Glaube,
4. die Erkenntnis.

Wer das nicht hat,
der ist gleich einem wilden Tier,
das sich selbst zerreißt.

227.

Wie sollen wir die Seele verherrlichen?
- Dadurch, dass wir ihr Wort glauben,
von Innen;
dann können wir auch Gott verherrlichen
mit Taten nach Außen.

228.

Wie kann man die Seele lieben? -
Mit der Erkenntnis des Gedankengeistes.

229.

Bei welchen Menschen ist die Seele tot?
Bei dem,
welcher kein Geisteswort zum Denken hat.
Bei welchem Menschen ist die Seele lebendig? -
Bei dem,
welcher das Wort zum Worte kommen lässt.

230.

Wodurch versuchen wir die Seele am meisten? -
Durch unsere Ungenügsamkeit;
denn, was wir haben ist uns zu wenig.
Wir sehen es nicht und wollen es nicht erkennen,
weil [dass] es Wahrheit ist.
Was wir aber nicht haben,
das möchten wir in unserer Verkehrtheit besitzen.

231.

Was ist der Stern,
durch welchen uns die Seele zuerst leuchtet?
Gesichte und Träume.

232.

Wann haben wir den Sieg des Kreuzes über die
Seele errungen? -   {27}

Wenn selige Geister, Botschafter Gottes,
von Angesicht zu Angesicht mit uns sprechen
können.

233.

Die Seele ist ein Leben
und mit diesem müssen wir ringen.

234.

Wie sollen wir den ersten Kampf beginnen?
Mit dem eigenen Körper.

Wie kann der Körper sein Leben bezwingen? -
durch die neuen inneren Sinne,
die sich ihm eröffnen.

Was ist unter dem „Leben bezwingen" zu
verstehen? -
Alles Verkehrte [überwinden],
was uns von der materiellen Geburt [her] an uns
haftet. -
Auf den Schwingen der Lüfte schweben
die Botschafter aus und ein beim Menschen.
Was sind die Botschafter? -
Erschaffene Engel,
um Gottes Befehle an die Menschen auszurichten.

235.

Was sind das für Geister,
die wir hören und fühlen,
aber nicht sehen können? -
Das sind dienende Geister,
aber nicht durch unsern Willen,
sondern durch Gottes Willen;
es sind freie Führer.

Und wo kommen sie her? -
Von der Seele des Menschen,
welcher zum Wort geworden ist.
Diese Führer werden also
von uns selbst geschaffen
wie Bilder eines Traumes.

236.

Wie muss das Wort sein,
das lebendige Formen hervorbringt? -
Liebe zur Ewigkeit.

237.

Wie kommt die Seele zu ihrem Recht?
- Wenn der Mensch in der Blüte seiner Kraft steht,
dh. so man ihr den freien Willen lässt.

238.

Wenn die Seele über unsern Willen verfügen
kann,
was bringt sie [dann] für eine Wirkung hervor? -
Eine Kraft im Körper,
mit der man Alles vollführen kann.

239.

Wie erkennt man den Willen der Seele? -
durch die Liebe, die uns antreibt,
Gutes zu tun und Böses zu unterlassen.

240.

Seele, du mein Ziel,
zum Kreuze führest du mich hin!
Seele, du meine Zuversicht,
vor Dir beug ich mich!
Seele, du mein Gespiel,
du wirst mir eine Botschaft sein!

Meine Seele,
dein Atem regieret meine Füße,
und deine Zunge lecket die Spitzen der Berge!
Seele du großes Tor für den,
der da ist lauteres Liebesfeuer.
Seele,
du massives Haus,
in dem wohnen sollen meine Handlungen.
Seele, du mein Hoffen,
Erlösung bringst du mir!
Seele, du mein Leben,
in der Bewegung erstehe ich in dir.
Seele mein,   {28}
mit dir vereint zu sein,
ist meine goldene Waage.

Seele,
du Trost aller, die [welche] deine Blumen sehen!
Der Seele Tiefe ist die Schwermut,
und ihre Höhe der Friede.

241.

Wann fleht die Seele am stärksten zu Gott? -
Wenn wir recht fröhlich sind.

Wie ergrimmt die Seele in sich selbst?
Wenn wir Rohheiten sehen und hören müssen.

Wann freut sich die Seele in sich selbst? -
Wenn wir ihrer Stimme gehorchen,

242.

Die Bewegung ist der Geist des Willens.
Töte dein Fleisch mit dem Geist der Wahrheit!

Aus dem Geist des Gehorsams
steigt der Glaube mächtig empor.
Aus was muss der Geist des Glaubens kommen? -
Aus dem lieben Morgenrot von Osten,
aus der Gnade des Vaters.

243.

Aus was kommt der Geist der Geduld?
- aus der Bewegung.
Und wo führt er hin?
- zum klaren Verstand.

244.

Was ist Geistesnahrung?-
Weisheit.
Und ihr Geist?
- das Seelenwort.
Wer Gottvertrauen hat,
steht auf einem hohen Berge,
und Gerechtigkeit ist dessen Kraft.

245.

Welch ein Pfund wiegt bei der Seele am
schwersten? -
der gute Wille.

246.

Und welches Gewicht
zieht die Seele am stärksten empor? -
die Liebe zu ihr.

247.

Mit welchem Maß soll man die Seele messen? -
Mit dem Verstande.

248.

Was ist Ausfluss der Seele? -
Das Zeugnis, das wir von der Gottheit geben.

249.

Wie soll man mit der Seele sprechen?
- Mit den uns geoffenbarten Formen.

250.

Wo ist der Sitz aller Gedanken? -
Im Glauben.
Wo ist der Sitz aller Weisheit? -
Im Gefühl.
Wo ist der Sitz aller Erkenntnis? -
Im Verstande.
Wo ist der Sitz aller Liebe? -
In der Offenbarung.

251.

Was sind Freuden des Lebens? -
Träume.
Aber Freuden des Geistes sind unvergänglich;
von diesen will ich zeugen.

252.

In der Natur ist ein Mittelpunkt,   {29}
der Alles an sich zieht. -
Dieser Mittelpunkt ist das Menschenherz,
und die Kreise, die den Mittelpunkt einschließen,
sind unsere Gefühle,
welche von den innern Kräften kommen.
Wie muss der Mittelpunkt auf die Kreise wirken?
- durch das Gedankenlicht,
aber nur in der Natur ist ein Mittelpunkt denkbar;
außerdem gibt es keinen,
weil Gott für uns [sonst] nicht Gott wäre.

Unter dem Worte Natur
müssen wir den Geist der Wahrhaftigkeit
verstehen,
von Allem,
was wir sehen und empfangen.

253.

Die Natur bildet ein Viereck
in der für das gewöhnliche Auge
unsichtbaren Wesenheit;
sie bindet sich und löset sich.
Die Lösung ist nur
im geschlossenen Raum denkbar,
dh. im innern Sinne.
Wenn ein Kreis sich bewegt,
so ist es ein Rad,
und dieses ist ein Zirkular.
Das Seelenleben ist das Triebwerk von diesem All,
dh. Gefühl und Seele sind an einander gebunden.

254.

Wer die Wahrheit in sich erkennt,
der streut einen Samen aus,
der tausendfach Früchte bringt.
[Frucht heißt: Lohn]

255.

Das Hellsehen verkläret den Gedanken.
[und Verklärung heißt: die Wahrheit erkennen].

256.

Wer Glauben hat,
der hat auch das Hellsehen.
Aus demselben kommt's hervor.

257.

Macht des Willens,
was bringst du hervor? -
Gedanken und Gefühl.

258.

Blitzstrahlen des Gedankens
sind plötzliche Wirkungen im Gedanken
und kommen aus dem Gefühl. -
Gefühle nach dem Geist
sind Freude, Schmerz, Andacht und Liebe usw.

259.

Des Menschen Vorahnungen nach dem Geist;
es ist ein inneres Wissen ohne Hellsehen.

260.

Wo aber kommen die wahren Gefühle her? -
Aus dem innern Worte Gottes.

Wie erkennt man dieses Wort?
Durch den Verstand.

Was ist geistiger Verstand? -
die Erkenntnis unsichtbarer Kräfte.

Was sind die unsichtbaren Kräfte? -
Alles nicht Materielle, das aus dem Gefühl
kommt.

261.

Geistige Wahrheit kann der Mensch
erkennen in Händen und Füßen,
am Körper durch das,
was er darin fühlt,
auch durch das Gesicht und durch Berührung.

Viele Schwachheiten führen zu größter Kraft.

Viele Leiden krönen des Menschen Haupt.
Des Menschen Grenzen ist [sind] die Geisterwelt.

{30}

262.

Der innere Sinn des Menschen
ist eine Offenbarung,
die Quelle desselben ist die Gottheit
und führt uns zur Vollkommenheit.

263.

Am besten nimmt man den inneren Sinn wahr
im Lauschen heiliger Gefühle,
dh. still in sich selbst und in dem Glauben lebend,
dass Gott mit uns ist
in Allem, was wir tun.

264.

Wie sollen wir den inneren Sinn fördern? -
Durch Übung im Guten.

Was ist gut?-
Alles, was wir tun müssen.

265.

Der *innere Sinn* ist der Geistesmensch,
welcher sich in uns zu offenbaren strebt.

Was heißt: *sterben* auf Geisteswegen? -
Verwandlungen nach dem Naturgesetz
von dem einen auf das Andere durchgehen.

266.

Wenn sich Kreise auf dem Menschenkörper
bilden?, was ist da der Mittelpunkt?
- Leben.

Und wenn sich Kreise im Innern des Menschen
bilden,
was ist da der Mittelpunkt?
- Licht.

Und wenn sich Kreise
im aller Innersten des Menschen bilden,
was ist da der Mittelpunkt? - Liebe.

267.

Was ist der Wahrheit Seele? -
Lauter Offenbarung.
Welche Kräfte sind der Wahrheit untertan?
- Alle, die das geistige Ich umfassen;
und durch dieses geistige Ich kommen die Kräfte
aller Offenbarungsgaben hervor.

268.

Der Stein mit sieben Augen[23],
den Josua gelegt hat,
ist aufgegeben und wird offenbar werden
vor aller Augen.

269.

Wie soll der Mensch in sein Inneres schauen? -
Durch ein feines Glas, das er in sich haben soll;

---

23 Gemeint ist eine Textstelle aus dem Propheten Sacharia. Dort heißt
es:
„Denn siehe, der Stein, welchen ich vor Josua gelegt habe, auf den einen
Stein sind sieben Augen gerichtet" (Sacharia 3,9).
Ausleger gehen davon aus, dass sich die Johannesapokalypse in
Offb. 5,6 auf Sacharia beziehe. Dort heiß es:
Und ich sah inmitten des Thrones und der vier lebendigen Wesen und
inmitten der Ältesten ein Lamm stehen wie geschlachtet, das sieben
Hörner hatte und sieben Augen, welche die sieben Geister Gottes sind, die
gesandt sind über die ganze Erde.

ohne dasselbe sieht er nur grobe Abdrücke von
Bildern.

Was ist dieses für ein Glas? -
Wahre geistige Gefühle.
Dieses hat auch Bezug
auf Gehör, Geruch und Geschmack.
Nur durch das Abstreifen der Leidenschaften
kann das Gefühl verfeinert werden.

270.

Wenn im Gefühlskreise lauter Worte stehen,
welch ein Feuer muss da der Mittelpunkt sein? -
Gnade Gottes;
denn die Liebe Gottes
kann kein Mensch verdienen;
sondern sie ist eine Gnadengabe
durch die Güte des Herrn.

271.

Wann ist der Mittelpunkt der Seele Wahrheit? -
Wenn der Mensch
Worte des Lebens sprechen kann.

272.

Der Mittelpunkt der Seele
ist das natürliche Leben.   {31}

273.

Wann bewegt der Mensch sich im Kreise? -
Wenn er selbst zum Mittelpunkt wird,
dh. zur Selbsterkenntnis kommt.
Der Mittelpunkt von der ganzen Natur
ist Gottes sichtbare Wahrheit.

274.

Wo liegt das Grab des Gekreuzigten verborgen?
- Im Wort der Menschen.

275.

Wie löst sich die Seele vom materiellen Leben?
- Durch das Licht des Gedankens

Wie löst sich die Seele vom materiellen Auge? -
durch das Hellsehen.

Wie löst sich die Seele von den Füßen? -
Durch das Gleichgewicht.

Wie löst sich die Seele vom materiellen Gefühl? -
durch Schmerzen.

Wie löst sich die Seele von den Händen? -
durch gute Handlungen.

276.

Wie misst man im Gesicht nach der Länge?
Durch das anziehen in sich selbst[24].

Wie soll man ein Gesicht von sich ziehen[25]?
Durch Erkenntnis seiner Selbst.   {32}

277.

Aus welcher Grundursache kommt das Gesicht? -
Aus dem Gefühl.

---

24 Unklare Stelle.
25 Ebenfalls unklar. Es mag sich hier um einen verdorbenen
Textabschnitt
handeln.

Wie soll man im Gesichtsbild messen? -
Man soll einsehen, dass es Wahrheit ist.

278.

Was ist Kraft? -
Ein wirkendes Feuer.

Was ist die Ursache der Kraft? -
das Gedankenlicht.

Warum muss diese Kraft sein? -
Weil es ohne dieselbe
kein geistiges Leben gäbe im Menschen.

Was ist der Höhepunkt dieser Kraft? -
das lebendige Wort in sich.

279.

Was für einen Zweck
hat der Geschmack nach seinem inneren Sinne?
- Er ist der [die] Tonleiter der geistigen Nahrung,
die Ich dem Menschen gebe.
- Doch zuerst muss man das Bittere kosten;
sonst würde man das Süße nie erkennen.

280.

Was ist der Zweck des inneren Geruchsinns? -
Auf den Lüften der Wohlgerüche
wird deine Seele sich aufwärts schwingen.

281.

Was ist das Ziel des Menschen?
- Seine Seele aus den Banden des Fleisches zu
erheben.   {32}

Was ist der Endpunkt des Menschen?

- dass er ein wahres Kind des Ewigen Vaters
werde.

282.

Der Atem ist das Leben,
welches den Geist Tarna[26] an sich zieht
dh. Kraft der Kräfte.

283.

Was ist Lebenslicht? -
das Auge, denn durch das, was man sieht,
werden Gefühle wachgerufen im Innern.

284.

Was ist natürlich?
- Alles, was man versteht.

285.

Was hat der Mensch
von seinem Uranfang noch an sich? -
das Gefühl für das Schöne.

286.

Was ist des Geistesmenschen Beruf?
- Tugend üben, dh. von den Gaben geben,
die er durch Gottes Gnade besitzt.

Was ist des Geistesmenschen Ziel? -
Das Drei in Eins zu vereinigen.

Wie kann man dies vollbringen?
- durch den Gedanken:

---

26 Hübbe-Schleiden konnte dies Wort wohl nicht zuordnen. Er hat es
in ordentlichen Buchstaben wiedergegeben: *Tarna*

Der Gedanke lässt sich nur
durch die Handlung mit dem Wort vereinigen;
dh. mit dem Gedanken
muss das Wort wachgerufen werden
und mit dem Worte
muss der Körper und die ganze Natur besiegt
werden.

287.

Was ist geistige Willenskraft des Menschen?
- der innere Trieb;
und dieser Trieb ist Liebe.

Wo hat dieser geistige Wille seinen Sitz?
- Im Gefühl des Menschen;
und nur durch diesen Trieb
können wir den Weg der Wiedergeburt gehen.

288.

Der **Glaube** ist eine geheime unsichtbare Kraft.
- Was ist aber sein wirkendes Leben? -
1. die Leiden,
2. die Demut;
3. die Geduld.

289.

Jedem bleibt ein Punkt,
auf den das Auge sich richtet;
doch der ferne Wanderer erkennt ihn nicht.
Wohl denen,
die nahe herbeigekommen sind.
Durchwandre ich jene Hallen,
finde ich das Alte wieder neu.

290.

Die Beine müssen durchdrungen werden
vom Leben.

291.

Ohne Disteln keine Dornen.
Sammelt zuerst die Distel zu der Krone,
dann erst kann der Dorn euch schmerzen.
Euere Kleider müssen sich erneuern;
und sein Blut ist über uns gekommen
und bereitet viele Schmerzen
- zum Zeichen des Bundes,
den ich mit euch geschlossen habe.   {33}

292.

In seine Fußstapfen seid ihr getreten
durch die Verklärung.
Leise durchbebts meinen Körper -
Nicht mein, sondern dein Wille herrschet.

293.

Der **Glaube** ist ein astloser Baum
und ragt hoch empor.
Zwölf Stufen müsst ihr in denselben machen,
damit ihr die Höhe ersteigen könnt,
zu der ihr bestimmt seid.

Die erste Stufe
ist Same der Verheißung.
Die zweite Stufe
ist Nahrung.
Die dritte ist natürlich werden
als Mensch.
Die vierte ist
das Kreuz

als Unterlage oder Schmerzen
an allen Gliedern des Körpers,
dh. die Kreuzigung anziehen.
Die <u>fünfte</u> Stufe
ist das Aufrichten des Kreuzes
oder die Verklärung des Gedankengeistes beim
Menschen.
Die <u>sechste</u>:
Tod der Schlange oder Auferstehen.

Die <u>siebte</u> Stufe:
von dem lieben Gott als gerecht aufgenommen
werden,
oder in den Geist kommen nach {gemäß} der
Kraft.
Die <u>achte</u> Stufe:
die Lebenskrone oder die Weise der
Botschaftsgeister empfangen.
Die <u>neunte</u> Stufe:
die Wiedergeburt erringen;
aus dem Verweslichen in das Unverwesliche
übergehen.
Die <u>zehnte</u> Stufe:
das offene Buch des Lichtes der ersten Potenz,
dh. der göttlichen Klarheit.
Die <u>elfte</u> Stufe:
Harmonie oder Vereinigung.
Die <u>zwölfte</u> Stufe:
Universum oder Gott.

294.

Die <u>Verklärung</u> ist siebenfach
in ihrer Wesenheit:
1. tötet sie durch das Leben,
2. macht sie das Tote lebendig,
3. scheidet sie das Licht von der Finsternis,
4. teilt sie Geist von der Materie,
5. tut sie ihren Geisteswillen kund,
6. macht sie gerecht,
7. knüpft sie das Liebesband mit der Geisteswelt.

295.

Das ist im Geist und in der Wahrheit Anbetung,
wenn man die Überzeugung der Offenbarung
an seinem Körper trägt.

296.

Die, welche verklärt wurden,
zeigen weiße Kleider an durch die Reinigung,
dh. niedrige Gedanken
können nicht mehr in ihnen wirkend sein.

297.

Der Tod im Geiste durchbricht
die Pforten der Menschenhülle
und wird offenbar werden
bei den Knechten und Mägden des Herrn.

298.

Von der Wurzel aus geht das (wahre) Leben.

299.

Das wahre Abendmahl ist,
wenn der Mensch Gottes Wort
hört an seinem Ohr
und niemand sieht,

und es befolgt,
dann ist der Herr sein Gast. {34}

300.

Wer die **Taufe** empfangen durch Jesus,
der wasche seine Hände rein;
dann kann er auch essen den feinsten Honigseim.

301.

Die **erste** Taufe ist das Anziehen Christi
und die Kreuzigung.
Da treten wir in den Geist der Wahrheit.

Die **zweite** Taufe ist
das Empfangen der Geisteskraft
durch das Aufnehmen des Herrn,
dh. Geistesleben.

Die **dritte** Taufe ist Empfängnis
des heiligen Geistes,
dh. Geisteswirken.

302.

Wenn sich die Knochen bäumen,
muss das Mark auf und niedersteigen.

303.

Hurra! Den Kindern des Lichtes!
Ein Lob von der Seele denen,
die da steigen den Dornenpfad des Berges.

304.

In der materiellen Schwäche des Menschen
stößt die Seele ihre Seufzer aus.
Im Ton ruft sie:
„Du bist nicht verlassen für mich!"

305.

Der Seele Laben im Körper ist der Gedanke,
und die Seele selbst ist das Gefühl.

Wo strömt das Licht in den Körper ein?
Wo Leben in demselben ist.

Warum ist Leben, wo sich die Seele offenbart?
- Weil sie die Wahrheit ist.

Was ist Seelenwahrheit? -
Das Gute, dh. Gott.

306.

Wie wird die Seele zur Kraft im Fleisch? -
durch das Feuer der Liebe zu Gott.

Was ist Eins mit der Seele? -
die Liebe, die Offenbarung, die Wahrheit.

Wie wird das Wort zum Fleisch? -
- durch das Seelenleben.

307.

Der wahre Geisteswille ist die Liebe
und diese führet uns ans Ziel.

308.

Welchen Geist wird Gott
über alles Fleisch ausgießen[27]?
- den der Weisheit.

309.

Wie soll der Mensch erkennen,
dass ihm seine Sünden nicht angerechnet sind
[werden]?

---

27 Joel 2,28 und, darauf bezogen, Apostelgeschichte 2,17

- durch die Geistesnahrung
von Wort und Offenbarung,
welche wir durch seine Gnade erhalten.

310.

Wie betet man mit der Seele zu Gott?
- durch den Gedanken.

311.

Was ist der helle Schein in der Finsternis?
- der Same des Gedankengeistes, dh. das **Licht**.

312.

Wann ist das Menschenherz
ein wahrer Tempel Gottes? -
Wenn wir Kinder geworden sind.   {35}

313.

Christi Blut ist Geistesleben,
dh. Ein lebendiger Glaube
bringt die <u>Bluttaufe</u> hervor.

Was ist die Bluttaufe? -
Alle Schmerzen, die im Fleisch hervorkommen,
so man den Geist sucht nach Gesetzeswegen.

Wie könnt ihr in meiner Stimme zu mir reden? -
Mit eurer Seele.

Wie kann man die Seele zu diesem wenden? -
durch die **Wiedergeburt**.

Was heißt Wiedergeburt der Seele?
Göttliches schauen, hören, fühlen, riechen,
schmecken.

314.

Wie kann man mit der Seele
das Äußerste vollbringen? -
Wenn man mit dem ganzen Leben auf das wirkt,
was man vollbringen will.

Mit welchem Leben? -
Mit dem Gefühlsleben.

315.

Wenn das Wort
zur Kraft geworden ist im Menschen,
erkennt er es am besten durch den inneren Sinn.
Je stärker die Wahrnehmungen,
desto größer die Kraft des Wortes in ihm.

316.

Was ist die Bewegung des Herzens? -
Worte des Lebens hören!

317.

Was ist ein großes Ganzes?
Der Mensch.

318.

Wenn du recht denken willst,
wie musst du es machen? -
das suchen und erkennen lernen, was du denkst.

Wenn du aufwärts willst, wie musst du steigen? -
Gerecht sein in dir selbst.

319.

Welches ist eine ebene Bahn? -
die Geisteskraft in uns.

320.

Was ist eine gute Grundlage? -
der Glaube eines neugeborenen Menschen.

321.

Was ist, das in die Höhe hebt? -
Demut gegen Gott.

322.

Im Viereck ist die Wahrheit der Seele
Der Seele Stufe ist das Menschenherz.

323.

Was ist der Seele Leier? -
das Ohr des Menschen.

324.

Warum ist die Seele
einem Vögelein zu vergleichen? -
Um ihrer Freiheit willen.   {36}

325.

Warum muss die Seele natürliche Formen haben
zu ihrer Offenbarung? -
Weil sie ein Geist der Wahrheit ist.

326.

Warum tut sich die Seele hörbar kund?
- dass wir sie erkennen lernen.

327.

Welche Zahl hat die Wahrheit in sich?
Die Zahl Vier.

328.

Was ist die Grundfeste der Wahrheit? -
die Erkenntnis.

329.

An welche <u>Bedürfnisse</u> ist die Wahrheit geknüpft?
1. an die Offenbarung,
2. an den Glauben,
3. an die Hoffnung
4. an die Liebe.

330.

Was sind <u>Wahrheitstriebe</u>? -
Alle inneren Wahrnehmungen, die wir haben.

331.

Das Banner oder der Sieg über die <u>Wahrheit</u> ist
der <u>Glaube</u>.

[Die Wahrheit]

332.

Was verdirbt die Wahrheit in sich selbst?
- der Übermut.

333.

Was ist der Wahrheit stärkste Kraft? -
die Liebe.

334.

Wahrheitsruhe, wo bist du? -
In der Seele.

335.

Was sind Früchte der Wahrheit? -
den lieben Gott erkennen lernen.

336.

Was ist der Standpunkt der Wahrheit?
- das Gefühl.

337.

Was sind Wahrheitskronen? -
die Geistmenschen.

338.

Was sind Wahrheitstugenden? -
dass sie in uns alle geistigen Iche erwecken und
stärken.

339.

Was ist der Wahrheit Lob? -
dass man durch dieselbe Gott erkennt.

340.

Was ist der Wahrheit Ruhm? -
dass sie uns immer neue Nahrung gibt.

341.

Was ist der Wahrheit höchste Bewegung? -
dass sie uns belebt.

342.

Was sind der Wahrheit Fußstapfen?
- dass sie uns immer mehr Erkenntnis bringt.

{37}

343.

Was ist der Wahrheit Liebe?
- dass sie uns Hülfe bringt.

344.

Was ist der Wahrheit Siegel? -
die Seele in ihrer Offenbarung.

345.

Was ist der Wahrheit Feuer? -
dass sie Wunden wirkt.

346.

Was ist Wahrheitslehre? -
Ein Manna wider den Irrtum.

347.

Was ist Wahrheitskrone? -
dass sie den nie mehr verlässt, der sie besitzt.

348.

Was sind Wahrheitskraftgeister? -
1. der Gedanke,
2. der Körper,
3. die Seele.

349.

Was ist Wahrheitsmut? -
Alle Beweise, die sie uns gibt.

350.

Was sind Wahrheitsmerkmale? -
Alle Formen, die wir sehen.

351.

Was ist der Wahrheit Glut? -
dass sie Leben hervorbringt.

352.

Was ist der Wahrheit Schicksal? -
dass sie sich mit der Weisheit vermählt.

353.

Was ist der Wahrheit Lebensende? -
dass sie sich auflöst in lauter Licht.

354.

Was ist der Wahrheit Glück? -
dass sie die Freiheit in sich selbst besitzt.

355.

Was sind Wahrheits- Trübsale? -
Wenn man ihr nicht gehorcht.

356.

Was ist der Wahrheit Atem? -
die Kraft Gottes.

357.

Der Geistesname öffnet
das Buch des innern Seins;
er ist ihr Hauptschlüssel.

358.

Was ist Geisterzeit? -
der Glaube, der aus der Wahrheit kommt.

359.

Was neu geboren wird, ist eine reife Frucht,
und in dieser ist ein Same.
In der Wahrheit liegt der Same zur Weisheit;
in der Weisheit liegt der Same zur Liebe;
in der Liebe liegt der Same zur Freiheit.   {38}

360.

[Als] Was ist Wahrheit mein? -
die Überzeugung.

Was ist Wahrheit tun?
In meinen Gesetzen wandeln.

Was ist Wahrheit erhöhen? -
Meine Gebote halten.

Was ist Wahrheit Pflicht? -
An sie glauben.

Was ist [der] Wahrheit Unterlage?
Verständig sein.

Was ist die Göttin der Wahrheit? -
Die Ehre, dh. das Zeugnis, das wir von ihr geben.

Was ist der Fluch der Wahrheit? -
Wenn man gegen sie sündigt.

Was ist der Wahrheit tiefstes Joch?
- Wenn man sie mit Füßen tritt.

Was ist der Wahrheit Jubellied? -
Wenn man sie genießt.

Was ist der Wahrheit Honigseim? -
Dem sie gnädig ist. [?]

Was ist der Wahrheit Kreis? -
der Mensch, der sie angezogen.

Was ist der Stern der Wahrheit? -
das Gefühl.

Was ist der Wahrheit Sonnenlicht?
- Wenn man sie versteht.

Was ist der Wahrheit Mondhelle?
- der Menschenkörper.

Was ist der Wahrheitsbeweger? -
Gott selbst.

361.

Was soll man verstehen
von [unter] der <u>Entsagung</u>
<u>der weltlichen Freuden</u>?

- Demütig sein gegen Gott,
und zufrieden mit dem Lose,
welches uns bestimmt ist.

362.

Was ist ein <u>Prophet</u> auf dieser Erde?
- Leitstern aus dem Willen Gottes.   {39}

(Wahrheits – Sprüche)

363.

Schweigen und warten ist mehr wert,
denn schnell reden und handeln.

364.

Hoffnung ist noch nie zu Schanden geworden,
es sei denn, dass man sich selbst betrügt.

365.

Wer Spott und Schmach mit Geduld kann tragen,
der wird geehrt im Himmel und gesucht von
Menschen auf Erden.

366.

Wer klug sein will in seinen Reden,
bei dem ist die Dummheit
immer der Mittelpunkt.

367.

Wer Weisheit in seinem Mund kann sparen,
der wird nie verarmen.

368.

Wer Wahrheit liebt und Tugend übt,
der ist ein Schandfleck vor der Welt.

369.

Die recht lügen und viel betrügen,
das sind angesehene Leute.

370.

Außen so schön und innen so leer,
spricht der Mensch, was will man denn mehr!

371.

Wenn die Welt spricht, sie liebe dich,
so ist's gewöhnlich Unglück, das dich trifft.

[Wahrheits – Rätsel

372.

Suche mich, dann lieb ich dich.

373.

Tröste dich, dann suchst du mich.

374.

Lebst du mir, so dien' ich dir.

375.

Leuchtest du mir einfach,
so leuchte ich dir dreifach.

376.

Schwörst du mir Ja,
so sage ich nicht Nein.

377.

Suchst du mein Herz,
so ist es dein.

378.

Siehe Alles, was ich habe, vermach ich dir.

379.

Ich bin eine scharfe Waffe.
Wer gegen mich kämpft,
muss unterliegen.

380.

Ich richte recht,
und kein Schlechtes kann vor mir bestehen.

381.

Ich gehe durch viele Feuer,
und keines kann mich verzehren.

382.

Ich tue immer,
was den Menschen nicht gefällt. - Warum?

383.

Gefall ich dir,
so kleide mich.
Gefällst du mir,
so ruf ich dir.

384.

Tue recht und lass mich nicht,
dann bin ich dein Gespiel.

385.

Was du vor Augen hast,
das sollst du glauben;
dann ist einfach meine Kunst.   {40}

386.

Ja, wenn du gehst, kannst du mich finden,
denn ich stehe überall.

Wenn du sitzest siehst du mich
und musst wissen, wo ich bin.

387.

Meine Kraft ist keine Kraft,
und seine Kraft ist alle Kraft der Kräfte.

388.

Meine Liebe ist keine Liebe,
und seine Liebe währet ewig.

Meine Triebe sind keine Triebe,
und seine Triebe zermalmen alles.

389.

Wer mich nicht kennt, findet Weisheit nicht,
wenn sie ihm um die Nase springt.

390.

Wer Gewalt übt ohne mein Recht,
der ist ein ungetreuer, falscher Knecht.

391.

Wer mich nicht kennt, der sieht mich nicht,
wenn ich ihm auf die Füße trete.

[**Gefühlsprache**]

392.

Ein Baum, dh. natürliches Gefühl
Obdach: schützendes Gefühl
Ankleiden: ein Gefühl der Notwendigkeit.
Blumen: Freuden des Gefühls.
Tod: Gefühle der Furcht [oder Frucht]
Bilder: Gefühle der Schönheit.
Sonne: Gefühle der Wärme.

393.

Wie fühlen wir den Menschen? -
durch die Wohltaten, die wir empfangen.

Wie fühlen wir das Tier? -
In der Eigenliebe.

394.

Demut, dh. Gefühl der Erkenntnis.

Im Haupt ist Gefühl das Wort.

In der Hoffnung ist das Gefühl des Glaubens.

In der Verheißung ist das Gefühl der Hoffnung.

Im Herzen ist das Gefühl der Gedanke.

Im Auge ist das Gefühl des Schmerzes.

Im Gehorsam ist das Gefühl der Erlösung.

Im Willen ist das Gefühl der Freiheit.

In der Freiheit haben wir das Gefühl der Reinheit.

In der Tugendhaftigkeit fühlen wir die
Gerechtigkeit.   {41}

395.

In der Liebe haben wir das Gefühl der Pflicht.
(dass wir tugendhaft sind, fühlen wir,
wenn wir Gottesfurcht haben, dh. Gott lieben).

In der Wahrheit fühlen wir die Weisheit.

In der Zahl fühlen wir die Welt.

Bei den Tieren fühlen wir den Knecht.

dass wir einen Sieg errungen haben,
das fühlen wir in der Taufe,
die wir empfangen haben.

396.

Wann fühlen wir Kraft in uns? -
Wenn wir Offenbarungen haben.

397.

Im Licht fühlen wir das Wort.

In den Sinnen fühlen wir die Geisterwelt.

In den Kämpfen fühlen wir unsere
Schwachheiten.

In den Geistesgaben fühlen wir Gott selbst.

398.

Von den Menschen überhaupt
haben wir das Gefühl der Vergänglichkeit.
In der ganzen Natur fühlen wir Entwicklung oder
Arbeit.

399.

In der Auferstehung des Fleisches
haben wir das Gefühl des Lichtes Gottes.

400.

Wann fühlen wir hellen Tag in uns? -
Wenn wir Herr über unsere Leidenschaften sind.

401.

Welch einen heiligen Geist
empfangen wir in der ersten Taufe? -
- den des Lichtes Gottes.
In der zweiten Taufe den des Lebens Gottes.
In der dritten Taufe den der Liebe Gottes.

402.

Wer schafft die Blumen in dir?
- Die Wärme.
- Welche?
- Die Liebe.

Wer schafft die Tiere in dir?
- Das Leben.
- Welches?
- Das natürliche.

Wer schafft die Steine in dir?
- Die Leidenschaft.
- Welche?
- Kämpfe.

Wer schafft die Metalle in dir?
- die Schmerzen.
- Welche?
- Die sinnlichen.

Wer schafft Menschenwerke in dir?
- der Scharfsinn.
- Welcher?
- Der weltliche.

Wer schafft die Gestirne des Himmels in dir?
- die Ordnung.
- Welche?
- Die menschliche.

Wer schafft in uns das Erwähltsein?
- Der Erlöser.
- Welcher?
- das innere Wort.

Wer schafft in dir die ganze Erde?
- Der Gehorsam.
- Welcher?
- Der gesetzliche.   {42}

Wer schafft den Menschen in dir?
- Der Same.
- Welcher?
- Der von unseren Handlungen.

Wer schafft die Zahlen in dir?
- die Sprache.
- Welche?
- Die der Formennotwendigkeit.

Wer schafft Gott in dir?
- Eine Kraft.
- Welche? -
- Die des Gedankens.

Wer schafft die Geisterwelt in dir?
- Die Sinne.
- Welche?
- Die inneren.

Wer schafft Licht in uns?
- Die Wahrheit.
- Welche?
- Die tatsächliche.

Wer schafft das Wort in dir?
- Das Gefühl.
- Welches?
- Das des Willens.

403.

Was ist die Tiefe der Hölle?
- die Qualen .

Wer ist gebunden in der Hölle?
- die Bosheit.

404.

Wie lebt man im Innern?
- Wenn man das Wort Gottes in sich hört.

405.

Was ist himmlische Sprache?
- die Wahrheit.

406.

Wie kommt man in das Innere?
- durch den Gedanken.

407.

Welches Gebet stärkt den Menschen am besten?
- Im Glauben bleiben und leben.

408.

Wann ist der Mensch wieder natürlich?
- Wenn er sich selbst wieder erkennt.

409.

Wann sind wir aufgefahren zum Himmel?
- der Gehorsam hebt in Himmels – Himmel;
die Gerechtigkeit hebt uns von der Erde empor.

410.

Christi Blut ist Geistesleben für uns
– ein stärkender Wein.
- Welches Geistesleben?
- Sich selbst zum Opfer bringen.

411.

Wann sind wir in der wahren Buße?
Wenn wir Freuden und Lichtsein in uns fühlen.

412.

Mit welcher Kraft besiegt man
die falschen Iche im Keime ihrer Entstehung?
- durch das Wort.

413.

Was wir im Innern sehen,
sind Bilder unserer Handlungen.
Die Seele ist das Wahre
und führt uns zum Menschen.
Die Seele ist der natürliche Führer in uns,
das gebärende Weib.   {43}

414.

Was ist der Schlüssel Davids? -
das lebendige offenbarliche Wort Gottes,
dh. unser geistiger Führer.
Wo wohnt dieser?
- Im Haupt des Menschen,
dh. im Gedankenlicht.

Wie können wir zu ihm kommen?
- durch das Übungswort,
welches ein immerwährendes Gebet ist.

415.

Wie erkennen wir das Geistige vom Natürlichen?
- im Natürlichen ist das Geistige
eine unsichtbare wirkende Kraft;

und im Geistigen ist das Natürliche
die Offenbarung unserer fünf Sinne.

416.

Woran erkennen wir den Menschen in uns?
- An der Wahrheit,
die wir in uns sehen und wachend träumen.
(Was hinein kommt, ist menschlich natürlich;
und was heraus kommt,
ist göttlich geistlich [geistig]).

417.

Die Rechte des Herrn ist ein Schlüssel,
dh. eine Kraft,
die wir anziehen können
durch göttliches Denken.
(Mit Gottes Wort ziehen wir auch seine Kraft an).

418.

Alle Offenbarung,
die aus der Wahrheit kommt,
heißt man die Weisheit.

419.

Der seines Glaubens lebt
ist ein Heiliger,
dh. ein Reiner, und Niemand
kann ihn anstoßen oder seinen Schatz rauben.

420.

Jede Handlung entspringt aus dem Glauben.

421.

Wie nimmt man dem Tode den Stachel?
- durch die Gnade Gottes.

422.

Was ist der Schlüssel zum Evangelium?
- der heilige Geist.

(Die Geduld ist der Schlüssel zur Läuterung
und macht rein).

Was ist der Schlüssel zu der Gerechtigkeit?
- die Liebe.
(Nur der Gerechte kann Gott in der Wahrheit
lieben).

423.

Was sind Geister?
- der Ausfluss einer Form.

424.

Was ist geistiger Mut?
- das Vorwissen von diesem und jenem,
was man vollbringen muss. {44}

425.

Was ist geistige Demut?
- das Zufriedensein mit dem, was wir haben,
im Geistigen und Materiellen.
- Geistige Demut ist auch
der Schlüssel zur Bußfertigkeit in sich selbst.

426.

Was hat das Schaffen durch das Wort
für einen Zweck in uns?
- die Kraft des Wortes erkennen lernen im
Gesicht.

427.

Zum Gefühl ist der Schlüssel unser Wille.
Zum Gehör ist der Schlüssel die Bewegung;
Zum Geruche der Gehorsam,
zum Geschmack die innere Triebkraft.

428.

Die Kraft des Wortes grüßt man
durch das Gesicht.

Die Kraft des Willens grüßt man
durch das Gefühl.

Die Kraft des Gedankens grüßt man
durch das Gehör.

Die Kraft des Gehorsams grüßt man
durch den Geruch.

Die Kraft der Liebe grüßt man
durch den Geschmack.

429.

Wie ziehen wir Christus an im Fleische?
- durch geistige Wahrheiten.

430.

Wie tut sich die Ehre des Weibes kund?
- durch allerlei Offenbarungen,
die wir empfangen.

431.

Woran erkennen wir die Ehre des Willens?
- durch das Zeugnis, das wir haben.

432.

Wie ehrt man das Weib?
- durch die Liebe.

Wie ehrt man die Freiheit?
- durch sich selbst.

Wie ehrt man Gott?
- durch die Erkenntnis.

Wie ehrt man den Sohn Gottes?
- durch den Willen zum Guten.

Wie ehrt man den Heiligen Geist?
- durch Verständigsein.

Wie ehrt man sein eigenes Leben?
- durch die Handlungen, die wir vollbringen.

Wie ehrt man seinen Nächsten?
- Wenn man ihm seine Fehler vergibt.

433.

Wo wohnt der Wille im Menschen?
- In der Vernunft.
Wer ist der Leiter des Willens?
- der Mensch selbst.   {45}

434.

Wer ist der Herr des Willens?
- das Gute oder Böse in sich selbst.
Wer findet Ruhe im Willen?
- der ihm untertan ist.
Wer findet Unruhe im Willen?
- der ein Knecht seiner Leidenschaften ist.

435.

Wer lebt in Reinheit?
- Ein Auserwählter.

Wie hoch hebt die Reinheit empor?
Bis zum lebendigen Gotteswort.

Wer ist rein?
- die Unschuld.

Wo wohnt die Reinheit?
- in der Liebe.

Wer sucht die Reinheit?
- das Wahre in uns.

Wer liebt die Reinheit?
- Der, der sich selbst zum Opfer bringen kann.

436.

Kommet her ihr Auferstandenen
nach meinem Worte!
Ich sage euch,
ihr sollt zu meiner Ruhe kommen!

Formenlehre

III. Der Text der Formenlehre

Auf dem Deckblatt von Hübbe-Schleidens Abschrift der Formenlehre von Mailänder war ein loses Blatt geklebt, das abgerissen wurde. Auf ihm kann man noch mehrere kleine Textfragmente erkennen, die auf Mantren hinweisen, welche Hübe-Schleiden vermutlich in den Jahren 1896 und 1897 von Mailänder gegeben wurden:

[Ich] <u>will</u> stark sein

<u>1896</u>

……. in mir

<u>97</u>

…. , innere Natur!
…. iegfried bin!

…. [ch] danke Dir,
dass du mein Helfer bist!"

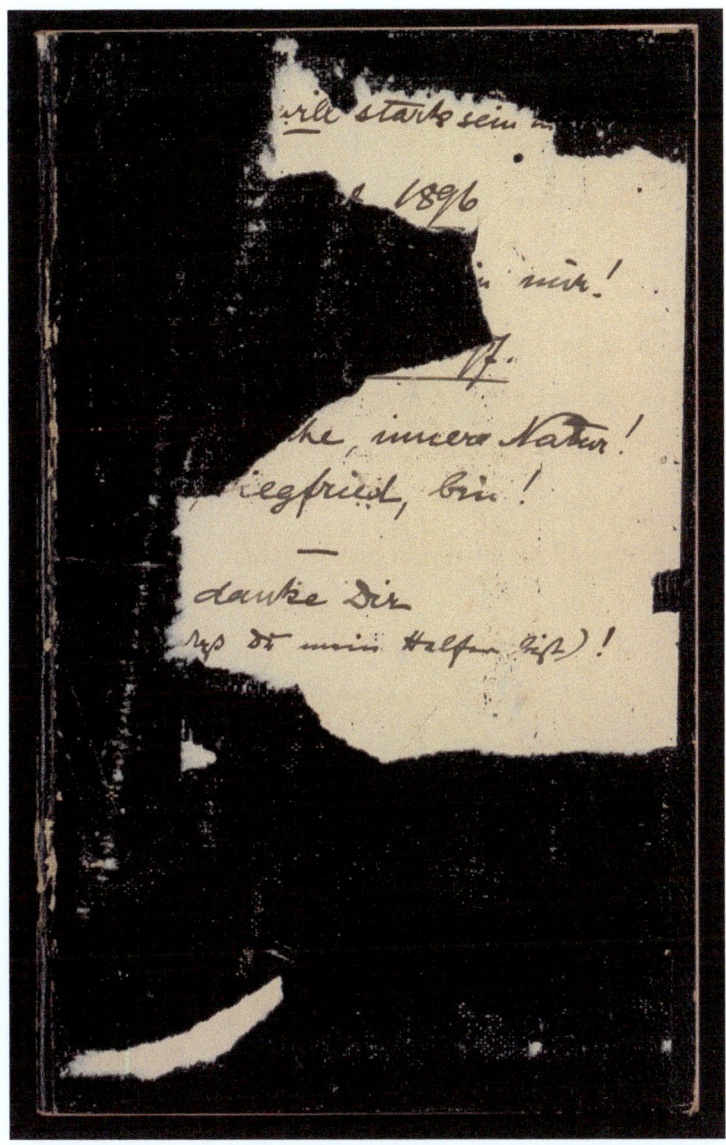

Abbildung 4: Deckblatt von Hübbe-Schleidens Heft, in dem die Texte der "Formenlehre" zu finden sind

Formenlehre

III.1 Buchstaben - und Zahlenschlüssel
(im Äußern)

A. Glaube fest, das wird dich erheben.

B. Nur im Geiste kann man Gott über Alles lieben.

C. Kämpfet für euer Reich.

D. Ich ehre die reine Braut. Ich will dir Zeugnis geben.

E. Ich will dir klaren Verstand geben.

F. Wahrheit, die wir voraus sehen.
   Ich will mich dir offenbaren.

G. Du stehst im Glauben noch weit zurück.

H. Deine Werte missfallen mir

I. Ich werde dich verklären.

J. --

K. Sei guten Willens! Meinen Thron will ich in dir aufrichten.

L. Gehorsam gegen Gott. Ich will dich neu gebären.

M. Ich zeuge von Gott; zeuge du auch von mir.

N. Der Geistname. Ich will in dir stark sein.

O. Weisheit, das ist Gotterkenntnis.
   Habe Gottesfurcht!

P. Ich komme bald.

Q. Dein Blut ist gereinigt.
Du bist fähig zum vorwärts Schreiten.

R. Liebe deinen Nächsten wie dich selbst.
Hüte dich vor unnützen Worten.

S. Du bist ein Geisteskind.

T. Ich werde mich mit dir verbinden.
Kämpfe gegen deine bösen Begierden und
Leidenschaften.

U. Die bewegende (Blut) und schaffende Kraft
(Offenbarung) ausströmende Wirkung [Ursache?].
Ich bewege mich in dir zur Offenbarung.

V. Die Seele erheben.

W. Geduld! Kindlich sein!

X. Ich will nicht, dass du dich quälst!

Y. Der Kelch der Freuden, Lust und Wonne.

Z. Gerechtigkeit im Glauben.
Hüte dich vor bösen Handlungen!

1. Der <u>Tod</u>: Stirb ab nach dem äußern Menschen.

2. Das <u>Leben</u>: Auferstehen im Geistigen.

3. Gottheit. Dreieinigkeit.

4. Weisheit. Habe Gottesfurcht.

5. Gekreuzigter. Äußere Schmerzen durch die geistige Geburt veranlasst.

6. Feuer oder Geist. Die Liebe.

7. Gerechtigkeit. Sei gerecht.

8. Teufel oder Bosheit.

9. Schwert oder Wort. Hüte dich vor Irrtum!

10. Kampf. Sei standhaft!

11. Licht. Gedanke.

12. Fels oder Stein. <u>Vollkommenheit.</u>

III.2 Formen–Sprache der Erkenntnis (im Geiste)

<u>Ähren:</u>	Der Dankbare empfängt Gottes Segen.
<u>Asche:</u>	Du verdienst Strafe.
<u>Augen:</u>	Das Maß oder das Sehen (Hellsehen).
<u>Axt:</u>	Das bewegende Leben wird in dir zur Kraft werden.
<u>Baum:</u>	mit grünen Blättern: Erkenntnis wird in dir zur Kraft werden.
<u>Bäume,</u>	blühende: die Seele in ihrem Wachstum.
<u>Beeren,</u>	rote: Du bist so gewaltig (gewaltsam, Zorn).
<u>Beeren,</u>	schwarze, wie Holler[28]: Die Seele ist in ihrer Offenbarung.
<u>Beil:</u>	Das bewegende Leben wird in dir zur Kraft werden.
<u>Blau:</u>	Siehe himmelblaue Farbe.
<u>Blitze</u>	(im Gesicht oder mit offenen Augen): die Kräfte des Himmels bewegen den Menschenkörper.

<u>Blumenstrauß:</u> Gegenwart und Zukunft
in Freuden. (In der Blume sehen wir
den Abglanz der treibenden Naturkraft,
innen und außen).

---

28 Holunderpflanze

<u>Blut</u>:	Ich bewege mich in dir.
<u>Brennholz</u>:	sehen oder tragen: Du sollst dich selbst zum Opfer bringen!
<u>Brief</u>	mit rotem Siegel: frohe Botschaft.
<u>Brot</u>:	Nimm mein Wort auf in dir.
<u>Brücke:</u>	Ringe nach Reinheit.
<u>Buch</u>,	lebendiges, das sich von selbst öffnet und umblättert: Liebe zur Seele haben.
<u>Buch</u>,	offenes: Du bist leidenschaftlich im Innern. (Auf dem Menschenkörper steht wie in einem Buche das Gepräge der Leidenschaft zum Guten und zum Bösen geschrieben).
<u>Christuskopf</u>:	siehe „Menschensohn"
<u>Diadem:</u>	Habe Demut!
<u>Diamanten:</u>	Der Durst nach Wahrheit soll in dir gestillt werden.
<u>Dornenkrone</u>:	Fluch der Welt. Entsage allen weltlichen Freuden.
<u>Dreieck</u>:	freier Geisteswille. Das Maß der Geistes; - Tiefe : das Haupt, - Breite: die Handlungen; - Höhe: die Selbsterkenntnis.
<u>Dreieck mit einem Auge</u> oder Punkt in der Mitte: Ich will dir das Hellsehen geben!	

Ei: Du wirst belohnt werden.

Eichhörnchen: Du machst Narrheiten.

Einöde,   abgestorbene:
Mensch gedenke,
wer du bist ohne das geistige Ich.

Eisen   (rundes Stück):
du machst dir selbst unnötige Leiden.

Eisen   (glühendes):
Ich will dich läutern.

Erdbeeren: Es wird Alles recht werden.

Exkremente: siehe Kot.

Fackel,   brennende: unschuldig sein in Gedanken!

Fahnen: Siegeszeichen.
blaue Fahne: geistige Träume
gelbe Fahne: ich gelobe es dir.
grüne Fahne: Weissagung
rote Fahne: Ewigkeit
schwarze Fahne: Leben
weiße Fahne: Offenbarung
weiß-rote Fahne: geistiger Tod.

Farben: siehe auch gelb und himmelblau.

Felsen: Der Gegensatz von dir. (Er löst sich
schließlich auf in seine Elemente wie
der verwitternde Fels).

Felsenklüfte: Siehe nicht auf die Vergangenheit zurück.

Feuer: Nimm Gottes Wort auf!

Finsternis: Scheidung des Äußern und Inneren.

Fisch: Lerne schweigen.

Frau:	eine schöne, aus deren Munde ein Tier hervorgeht: Hüte dich vor Frauen!
Fünf:	die Sinne: Mit dem Sinnlichen kreuzigt sich der Mensch selbst, wenn er seinen Sinnen untertan ist, nicht sie ihm.
Füße:	(sind die Wurzel des Menschen): die Triebkraft des Glaubens wirkt lebendig in dir.
Füße	mit offenen Wundenmalen: Glaube an ein besseres Ich!
Gelbe	Farbe spielen sehen: Freue dich im Geiste der Liebe!
Gemäuer,	verfallene: Siehe nicht auf die Vergangenheit zurück!
Gestalten,	entblößte: sei einig in dir selbst.
Gewicht:	siehe an deine Handlungen, dass sie gut sind.
Gewichte:	Geisteswahrheit.
Glaskugeln,	weiße mit hellleuchtendem Feuer: Habe Hoffnung im Geistigen.
Glocke	(sehen oder hören): Habe Andacht!
Gold:	befreie deine Seele von äußeren Plagen! (Die Seele wird wie das Gold im Feuer des Glaubens geläutert).
Goldfunken,	umher spielend: Ich bin dir gnädig! (siehe auch Lichtfunken)

Hahn:	Das Morgenrot von Ostern!
	Die Liebe Gottes wird zum Hellsehen in dir.
Haine:	siehe: „Wälder"
Hammer:	Klopfe an! Glaube!
Hand:	Habe Kraft!
	(Nach dem Geiste ist die Hand die Kraft,
	der alles Gegensätzliche weichen muss).
Hand,	winkende: Geister sind bereit, dir zu dienen.
Herz:	Habe göttliche Gefühle!
Herz,	eisernes: sei geduldig!

Himmelblaue Farbe: sei fröhlich!

Hirsch:	Unsterblichkeit lebt in dir!
Honig:	lass dich nicht verführen!
Hühner:	tue deine Pflicht!
Ilgen[29]:	mache den Geist frei!
Katze:	Du willst meinen Geist verleugnen!
Kelch:	Du musst durch Schmezen, Wehen
	und Ängste gehen!
Kelle:	suche!

Kerzenlicht, brennendes: Habe Gottvertrauen!

Kette,	goldene: Verheißung.
	Das Zeichen des Bundes, den Gott mit
	uns geschlossen.
Kette,	schwarze, eiserne:

---

29 St.Ilgen, mundartliche Variante für den Nothelfer St.Aegidius, der
bei Not, Dürre, Sturm und Unglück angerufen wurde.

Du willst dich selbst zernichten
durch deinen Unglauben.

Kind: bleibe in der Demut!

Kleeblatt: Töte die sinnliche Liebe in dir!

Kohlen,   glühende: Ich will dich läutern!

König,   mit goldener Krone:
die Kraft hat Einzug in dir gehalten!

Kot: (Menschenkot): Ausscheidung des
bösen Prinzips.

Kranz,   halbmondförmiger: Geistesgaben

Kranz,   runder: Gedanken. Denke!

Kreuz   auf dem Worte stehen: Du wirst Sieger
im Glauben werden!

Kreuz   eisernes, auf der rechten Seite eine Hand,
auf der linken einen Fuß: Glaube fest!
(Mit dem festen Glauben kannst du
die Seele rufen).

Kreuz   hölzernes: Schmach, Schande,
Spott und Hohn.

Kreuz   in verschiedenen Lichtfarben:
bringe dich zum Opfer durch
Selbstverleugnung!

Kreuz   weißes: Habe Geduld!

Krone: Suche Wahrheit!
(Die Wahrheit ist die Krone des Lebens,
wer sie erkennt, hat Weisheit und kann die
Tiefen der Gottheit erforschen).

Kugel,   blaue: Ich werde meinen Geist

über dich gießen!

Kugel,	dunkle, graue: Du wirst durch das Wort Zeugnis geben.
Lanze,	du bist vom Tod ins Leben gedrungen.
Laub,	dürres auf der Erde: Du bist im Absterben des Materiellen.
Leichenzug:	Traurigkeit, Trübsal.
Leier,	goldene: Ich rede zu dir.
Leiter:	Kraft der Weisheit.

Lichtfunken, blaue: Ich gebe dir die Kraft des Glaubens. Siehe auch „Goldfunken".

Lokomotive: Guter Wille

Lorbeerkranz: ringe nach Vollkommenheit!

Maßstab:	bleibe in der Ordnung!
Mann,	ein schöner, aus dessen Mund ein Tier hervorgeht: Hüte dich vor Männern!
Meer:	siehe „Wasser".
Menschen:	siehe Gestalten und nackte.

Menschenhaare: Ich will dich ehren!

Menschensohn: sei versöhnlich gegen den Nächsten!

Messer,	offenes: Hüte dich vor Streit! Siehe auch „Rasiermesser".

Menschenkot, siehe unter „Kot".

Mond:	die Seele gebären.

Morgenröte sehen: das neue Leben bricht an.

Nackte Gestalten: sei einig mit dir selbst!

<u>Nelken,</u>	rote: Ich will dir guten Willen geben! (Liebe).
<u>Ochs</u>:	Unglaube in dir.
<u>Öl</u>:	siehe Worte (Geschriebene Worte in uns. Alle Formen bilden Worte).
<u>Palmenzweig</u>:	Sieg über die innere Natur.
<u>Peitschen</u>:	das böse Prinzip, welches von Ärgernis herkommt. Wache darüber!
<u>Perlen</u>:	Freuden im Geistigen.

<u>Pfau</u> oder <u>Pfauenfedern</u>:
Sei nicht hochmütig (stolz)
auf das, was du hast (oder bist!)

<u>Pfeil</u>	in blitzschneller Bewegung: Ewigkeit der Seele; sie ist dir untertan.
<u>Pferd</u>:	sei demütig!
<u>Posaunen</u>:	Vergeltung.
<u>Presse</u>:	Ich will dich versiegeln!
<u>Rad</u>:	Schreite vorwärts!
<u>Rasiermesser</u>:	Ich will dich reinigen! siehe auch „Messer".
<u>Regenbogen</u>:	die Allmacht Gottes.
<u>Rose,</u>	rote: Ich will dir Geistesnahrung geben!
<u>Rose,</u>	weiße: Danke dem Ewigen!
<u>Ruine,</u>	siehe Felsenklüfte und Gemäuer.
<u>Rute</u>:	Ich werde dich züchtigen.

Sack;	voller: Begierde nach zeitlichen Schätzen.
Salbung:	du wirst innere Kräfte der Erlösung anziehen.
Schlange:	sei listig (klug), die Gebote Gottes zu halten.
Schiffe:	sehen oder darin fahren: Ermahnung zur Standhaftigkeit. Sei standhaft!
Schlüssel:	Innere Kräfte sind wach!
Schlüssel,	ein mannshoher, eiserner: Der Geist der Weissagung als Kraft aller Kräfte in dir.
Schwan:	Bleibe in der Hoffnung! (Wie sehr es auch stürmt und wogt, der Schwan kann nicht untergehen; so auch der Mensch, wenn seine Hoffnung lebendig ist).
Schwert:	du bist im Irrtum! (Die Wahrheit wird mit Schmerz geboren).
Sense:	Übe Gerechtigkeit! Innere Gerechtigkeit. (Wer gerecht sein will, muss das befolgen, was sein Glaube fordert; und das ist schwer, wie wenn man sich selbst Stück für Stück das Fleisch von den Knochen schneiden müsste. Die Leiden sind das Leben des Glaubens, ohne sie ist der Glaube tot).
Sense	von der ersten bis zur zweiten Taufe: Die Ernte ist da!
Sense	bis zur ersten Taufe: Du wirst Ärgernis haben!

(Eine Sense auf und niedersteigend,
besonders, wenn sie recht rostig ist).

Siegellack:	dränge deinen Geist nicht zurück in dir!
Siegelring:	Ich gebe dir.
Silber,	rundes Stück: Habe Weisheit, Gottesfurcht.
Sinne	siehe fünf.
Sonne:	Das Zeugende ist lebendig in dir.
Spinne:	Ringe nach Reinheit!
Stein,	großer, viereckiger: der Geist der Weissagung, als Grund zum Bauen.
Steine,	kleine, an Schnürchen hängend: Halte fest an deinem inneren Führer!

Sternenhimmel, blauer: Unschuld. Unschuldig sein!

Stirnband:	die Erlösung.
Stroh:	du machst dir unnötige Sorgen.
T	im Geiste sehen: Das Wort ist Fleisch (Lebenskraft) in dir geworden.

Tannenzapfen: Du bist ungeduldig!

Tannenzweige: Du bist ein Auserwählter.

Tore:	Ich bin dir untertänig. Ich will dir dienen; siehe auch Wälder.
Turm:	Suche das Menschenherz! (Wie ein Turm steht der Glaube im Herzen).

<u>Tote</u>	aufsteigend: Ringe in Geisteskraft!
<u>Trommel:</u>	Streite um den Glauben.
<u>Tuch:</u>	schwankendes, weißes: Sei gegrüßt aus höheren Sphären.
<u>Uhr:</u>	Sei zufrieden in dir selbst! (Eine gut gehende Uhr ist das Sinnbild innerer Zufriedenheit. Wer diese in sich hat, fühlt Unaufhörliches in sich und das sind geistige Freuden und das Bewusstsein, dass ihm seine Sündenschuld vergeben ist).
<u>Uhr,</u>	die sich selbst zerreißt: Das Zeitliche soll keinen Wert für dich haben!
<u>Veilchen:</u>	sei sanftmütig!
<u>Vogel:</u>	deine Seele.
<u>Waage:</u>	sei verständig!
<u>Wägen:</u>	Eisenbahn- oder andere Wagen: verkehrte Begierden und Leidenschaften.
<u>Wald:</u>	Du bist ein Auserwählter!
<u>Wälder,</u>	grüne, Tore und Haine: Ich bin dir untertan. Ich will dir dienen.
<u>Wasser,</u>	großes, oder Meer: das Weltliche steht dir hinderlich im Wege.

<u>Wasserstrom</u> von einem Berge herabfließend:
Dringe in die Tiefe!

(Auf den Stufen des Glaubens, der Liebe
und der Hoffnung können wir in die Tiefe
dringen, Fleisch und Seele zerstöbern[30]).

Weib: siehe Frau.

Weintrauben: Der Wille, der Geist spricht:
             Ich will, will in dir stark sein.

Winkelmaß: Das Gesicht im inneren Sinn[31].

Winkelmaß, goldenes:
             Dein Auge soll licht sein!

Wolken: Leidenschaften.

Wort: frei sein in der Seele.

Worte,   geschriebene oder gedruckte sehen:
             Der Geist spricht: Du wirst frei
             und erlöst werden!

Worte,   in Öl gemalt:
             Du sollst zum Wort werden,
             Offenbarung erlangen!
             (Worte die in uns geschrieben sind.
             Alle Formen bilden Worte).

Wundenmale, offene: Du lebst in der Offenbarung.

Wundenmale an den Händen:
             Das Leben des Geistes ist in dir offen
             bar.

Wundenmale: Füße mit denselben:
             Glaube an ein besseres Ich.

---

30 Umgangssprachlich für herumsuchen, durchkramen, durchsuchen.
31 ein „inneres Schauen".

<u>Wundenmale</u>	<u>an der Seite</u>: Bleibe in der Geduld!
<u>Wundenmale,</u>	<u>fünf:</u> Unterlasse böse Handlungen!
<u>Würfeln:</u>	Gaben des Geistes.
<u>Zange:</u>	Vertraue deinem Führer in dir!
<u>Ziegelsteine:</u>	Baue auf!
<u>Zirkel</u>:	Bitte!

III.3 Formen–Sprache des Feuers (Liebe)

Apfel: Das sollst du nicht tun.

Auge: Wende dich zu mir.

Auge,   ein ausstrahlendes Auge:
                Es ist Wahrheit.

Baum: Du mein Auserwählter.

Baum,   dürrer Baum:
                Bring dich mir zum Opfer.

Bergesgipfel, hoher:
                Ich komme dir entgegen.

Edelstein,   gelber, von Feuer durchdrungen;
                Mache lebendig den Geisteswillen.
                (Was ist der Geisteswille?
                - Selbstverleugnung!)

Edelstein,   schwarzer, von Feuer durchdrungen;
                Töte den Eigenwillen.

Ei: Du bist nun geboren.

Fahne,   goldene: Ich schwöre es dir!

Fahne,   weiße: Ich lebe in dir!

Fahne,   weiß-rote: Bekämpfe es!

Fernrohr: Suche mich!

Gitarre: Arbeite!

Haken,   eiserner (Hacken?):
                Warte noch!

Hahn: Sei froher Zuversicht!

Hand,   blutige: Übe keine Gewalt nach Innen.

Kelch,	Sei guten Willens.
Kind:	Baue auf mich.
Kranz,	grüner: Habe Ernst.
Kreuz:	Trage es.

Lichtstrahlen auf dich strömend:
Ich will dich schützen!

Menschenhaupt: Ja!

Menschenherz: Es ist gut!

Mond: Du sollst Sieger sein.

Punkt, schwarzer: Fange an.

Rad: Bleibe mir treu.

Regenbogen: Ich will mein Wort zu dir reden.

Rosen in allerlei Farben:
Ich will dir ein Helfer sein.

Rute: demütige dich.

Schlüssel: Tue es.

Schwert: Nein!

Schmetterling in allen Farben:
Ich bin dir gut!

Sichel: Glaube mir.

Sonne: Der Sieg ist dein.

Uhr: Es ist Zeit.

Vergissmeinnicht: Es ist vollbracht!

Vogel: (Du wirst) gute Botschaft (erhalten).

Wasser: Du bist Mensch geworden!

Zange: Gedenke meiner Liebe!

III.4 Lebenssprache der inneren Iche.

Außer bei dem ersten Ich sind unter denselben
Menschengestalten verstanden.

Ich,   in geschriebenen oder gedruckten
Buchstaben: die Liebe zur edelsten Kraft.

Ich,   das gewöhnliche Menschen- Ich:
das Zeitliche, Tierische.

Ich   im weißen Licht: das Natürliche (Wahrheit)

Ich   im Feuerlicht: das Schaffende

Ich   im himmelblauen Lichte:
der Lebensquell (das Wort)

Ich,   schwarz wie Nacht und dunkel:
Leidenschaften im Materiellen.

Ich   im Sonnenglanz: Selbsterkenntnis.

Ich   in der Demut: die Braut, das Zeugnis.

Ich,   Wasser ausströmend:
der Mahner zum geistigen Gehorsam.
Sich selbst zum Opfer bringen.

Das Ich des Glaubens, der Werke und der Gerechtigkeit
ist die Offenbarung im Menschen.

Zusatz: die Sprache der Tier-Iche in uns sind Diener
dem natürlich gewordenen Menschen.

IV. Verzeichnisse

IV.1 Quellennachweis

Das Original der Seelenlehre befindet sich im Nachlass von Wilhelm Hübbe-Schleiden in der Niedersächsischen Staats- und Universitätsbibliothek Göttingen. Am selben Ort in einem weiteren Heft befindet sich die Formenlehre unter der selben Matrikel

„Cod_MS_W_Hübbe-Schleiden 1018".

Die Abbildungen stellen einzelne Seiten dieser Abschrift der Seelen- und Formenlehre dar.

Abbildungsverzeichnis

Abbildung auf dem Umschlag:
Seelenlehre, Blatt 84 (Ausschnitt)

- 154 -

IV.2 Literaturverzeichnis

Schriften, die auf Alois Mailänder direkt zurückgehen

Mailänder, Alois; Dilloo-Heidger, Erik; 44 Briefe an Gustav
Meyrink. BoD Norderstedt 2020.
Dies Buch enthält neben den Briefen aus dem Nachlass
von Gustav Meyrink in der Bayerischen Staatsbibliothek
München noch ausführliche biographische und bibliogra-
phische Angaben zu Alois Mailänder.
ISBN 3-7519-5388-4
eBook: ISBN 978-3-7519-5388-7
Bayerische Staatsbibliothek
Signatur Meyrinkiana I.2. Johannes an Ruben
und Meyrinkiana I.2. Gabriele an Ruben
https://www.digitale-sammlungen.de/index.html?
projekt=0000000000 folgende

Mailänder, Alois; Dilloo-Heidger, Erik; 44 Letters to Gustav
Meyrink: English Translation by Chris Allen.
BoD Norderstedt 2020.
ISBN 3-7519-9785-7
eBook ISBN 978-3-7519-9785-0

Mailänder, Alois; Dilloo-Heidger, Erik; Eike, Christine;
Seelen- und Formenlehre.
BoD Norderstedt 2021. Aus dem Nachlass von Wilhelm
Hübbe-Schleiden, Niedersächsische Staats- und
universitätsbibliothek Göttingen.
Signatur *Cod_Ms_W_Huebbe_Schleiden_1018*

Bibliographisches

Böhme, Jakob; De Signatura Rerum, Das ist: Von der Geburt
und Bezeichnung aller Wesen: Wie alle Wesen aus einem
Einigen Mysterio urständen; und wie sich dasselbe
Mysterium von Ewigkeit immer in sich selber erbähre,
und wie das Gute ins Böse, und das Böse ins Gute
verwandelt werde. Item: Wie die äussere Cur des Leibes
durch seine Gleichheit müsse geführet werden. Was jedes
Dinges Anfang auch Zerbrechung und Heilung sey.
Amsterdam 1682

Dornseiff, Franz; Das Alphabet in Mystik und Magie, zweite
Auflage, Leipzig-Berlin 1925, S. 153

Gabele, Crescentia; Brief an Gustav Meyrink Meyrinkiana I.2
Gabriele an Ruben. (H 18_755)

Hartmann, Franz; Denkwürdige Erinnerungen aus dem
Leben des Verfassers der 'Lotusblüthen'.
In: „Lotusblüthen". Oktober 1897-1900

Hübbe-Schleiden, Wilhelm; Indisches Tagebuch.
http://www.klatt-verlag.de/wp-
content/uploads/2014/06/Huebbe-Tagebuch.pdf

Hübbe-Schleiden, Wilhelm; Notizbucheinträge
Cod_Ms_Huebbe-Schleiden_1012 Notizbücher Nr.4,
Nr.5 und Nr.6 von 1884 bis 1886

Hübbe-Schleiden, Wilhelm; Tagebücher, Sommer 1896
(27-31.7.86; 1.-9.08.96 und 22.9.-3.10.96).
Cod_Ms_W_Huebbe_Schleiden_1013 Tagebücher Nr.15
bis Nr.18

Klatt, Norbert; Der Nachlaß von Wilhelm Hübbe-Schleiden in der Niedersächsischen Staats- und Universitätsbibliothek Göttingen: Verzeichnis der Materialien und Korrespondenten ; mit bio-bibliographischen Angaben. Göttingen 1996

Mailänder, Alois; Dilloo-Heidger, Erik (Hrsg); 44 Briefe an Gustav Meyrink. Norderstedt 2020

Meyrink, Gustav; Die Verwandlung des Blutes. Meyrinkiana VI, 14 Blatt 23. Erste Druckfassung: Ullstein 1922

Robinson, Samuel; The Rosicrucion Fraternities in the Wake of J.B.Kerning and Alois Mailander. Larkspur 2021

Standesamt Dreieich; Eintrag im Melde-Register zum Einwohner Alois Mailänder und seiner Familie.

Hinweis

Einen biographischen Abriss des Lebens von Alois Mailänder findet man in dem Buch "44 Briefe an Gustav Meyrink" vom selben Herausgeber. Es ist ebenfalls im Verlag BoD Book on Demand in Hamburg Norderstedt erschienen. Dieser Band enthält die persönlichen Lehrbriefe, die Alois Mailänder an seinen geistlichen Schüler Gustav Meyrink in den Jahren 1892 bis 1905 gerichtet hat und die sich im Nachlass Meyrinks in der Bayerischen Staatsbibliothek in München erhalten haben.

Mailänder, Alois; Dilloo-Heidger, Erik (Hg.)
    44 Briefe an Gustav Meyrink.
    BoD Verlag Hamburg Norderstedt 2020.
    ISBN 9783751953887

Alois Mailänder

44
Briefe an
Gustav Meyrink

Ankündigung

Vier Schüler von Alois Mailänder sind bekannt und berühmt geworden und haben ein Zeugnis von ihrem ehemaligen spirituellen Lehrer Alois Mailänder gegeben. Es waren dies die Theosophen Franz Hartmann (1838-1912) und Wilhelm Hübbe-Schleiden (1846-1916), sowie die beiden Schriftsteller Gustav Meyrink (1868-1932) und Karl Weinfurter (1867-1942). Die zentralen Aussagen dieser Schüler werden in einem Sammelwerk zusammengetragen und unter dem Titel "Alois Mailänder aus der Sicht seiner Schüler" veröffentlicht werden. Die Beiträge der Mailänder- Schüler sind in verschiedenen Zeitschriften, Nachlässen, Tagebüchern und auch – wie im Fall von Gustav Meyrink – in Romanen und Erzählungen gegeben worden. Dieses Sammelwerk ist in Vorbereitung.

Dilloo-Heidger, Erik (Hg.); Alois Mailänder aus der Sicht seiner Schüler. BoD Verlag Hamburg Norderstedt 2022.

Christine Eike * 1941 in Wien Österreich, studierte Germanistik und Anglistik an der Universität Wien. Sie kam nach Norwegen, um Stoff für ihre Dissertation zu sammeln, blieb jedoch nach ihrem Dr. phil. in Wien hier und lebt seither in diesem Land. Beruflich war sie viele Jahre Sprachlehrerin, dann Kuratorin an einem kulturgeschichtlichen Museum. In diesem Zusammenhang nahm sich auch Teil an norwegischen und nordischen Forschungsprojekten (u.a. Kindheitsgeschichte, Masken, Lokalgeschichte). Seit vielen Jahren gilt ihr Interesse auch dem Entstehen und Wandel des Rosenkreuzertums. Sie hat 3 Söhne und 3 Enkelkinder.

Erik Dilloo-Heidger *1951 lebt mit seiner Frau in Überlingen am Bodensee. Er studierte Germanistik, Mathematik und katholische Theologie mit einem Schwerpunkt auf der "Befreiungstheologie". Als Lehrer arbeitete er an Grund- und Hauptschulen. Er beschäftigte sich mit Religionsgeschichte, in den letzten Jahren besonders mit der Entdeckung der Yoga- Idee im neunzehnten Jahrhundert.